정상은
항상
비어있다

정상은
항상
비어있다

THE TOP
IS ALWAYS
EMPTY

FINDING MEANING BEYOND SUCCESS

강영구 지음

좋은땅

● ● Prologue

"나는 왜 이 책을 쓰게 되었는가"

"가장 위대한 영광은 결코 넘어지지 않는 데 있는 것이 아니라,
넘어질 때마다 다시 일어나는 데 있다." — 넬슨 만델라
"The greatest glory in living lies not in never falling,
but in rising every time we fall." — Nelson Mandela

시간은 누구에게나 공평하게 흐른다고 한다. 하지만 디지털 시대의 시간은 다르다. 흐르지 않고 '쌓인다'. 반복되고 축적된 장면은 언제든 다시 불러올 수 있다. 과거는 점점 흐릿해지는 것이 아니라, 오히려 선명해지고, 심지어는 현재처럼 착각되기도 한다.『크게 성공하진 못했을지라도』의 출간 기념회를 연 날도 마치 며칠 전처럼 생생하다. 그날의 감격은 여전히 내 안에 살아 있다. 죽어선 가죽을 남기는 호랑이처럼, 이제 사람은 데이터를 남긴다. 그래서 나는, 내 글이 누군가에게 오래도록 읽히는 한 권이 되길 바란다. 다시 꺼내 읽고 싶은 글. 외롭지 않게 해 주는 문장 하나. 그런 글을 쓰기 위해, 나는 오늘도 무디어진 머리를 쥐어짠다. 추사 김정희는 말했다. "가슴속에 만 권의 책이 들어 있어야 그것이 흘러넘쳐서 그림과 글씨가 된다." 되새길 문장 하나가 삶을 위로하고, 돌아올 수 있는

'문장 속 자리'를 만들 수 있다면 그 자체로 글쓰기는 충분한 이유가 된다. 나는 2022년 『898 스토리』를 독립출판으로 펴냈고, 2024년엔 『크게 성공하진 못했을지라도』를 세상에 내놓았다. 그리고 오늘, 세 번째 수필집 『정상은 항상 비어있다(THE TOP IS ALWAYS EMPTY)』를 출간하게 되었다. 자료를 모으고, 지식을 배우며, 앞으로도 글을 쓰고 또 쓸 것이다. 때로 한계를 느낀다. 책을 보고 가르쳐 주는 이는 많지만, 실천을 이끌어 주는 이는 드물기 때문이다. 그 갈증은 나를 더욱 쓰게 한다. 목표가 있다면, 이제는 게임을 하듯 즐기며 살아가기로 마음먹었다. 1964년, 절해의 고도 '투벤 섬' 감옥에서 종신형을 선고받고 복역한 넬슨 만델라. 그는 면회 온 큰딸과 손주를 위해 주머니 속 구겨진 종이에 한 단어를 적어 건넸다. 그 이름은 '아즈위(Azwi)'—'희망'이었다. 80이 넘은 지금, 나 역시 어떤 절망 앞에서도 희망을 품고 글을 통해 용기와 신념을 실천해 보려 한다.

"두려워하지 말라 내가 너와 함께 함이라 놀라지 말라
나는 네 하나님이 됨이라." — 이사야 41:10

● ● **출판기념 헌시(獻詩)**

2024년 3월 8일

추수(秋收) 때 어찌할까

축시(祝詩) :
강하고 담대하라 하나님이 지키신다.
영감을 얻어가라 성령님이 도우신다.
구원을 기뻐하라 예수님의 선물이다.
수고와 헌신한 것 하늘에 쌓이리니
필요한 모든 것은 주께서 주시리라.

크든지 작든지 네 일은 네가 하라.
게을러 일 못 하면 추수 때 어찌하랴.
성공과 실패는 네 손안에 있느니라.
공든 탑 무너지랴 힘내어 쌓아가라
하는 일 힘들어도 성실히 일하여라.
진리의 도를 닦아 바른 일 바른길로

못한다 하지 말고 열심히 전진하라
했던 일 또 하여도 선한 일 잊지 마라
을씨년스러워도 내게는 소중한 일
지면을 채워가며 정성을 다하여서
라일락 향기 속에 이맘을 적셔가며
도서관 책꽂이에 살며시 꽂아준다.

대한민국 ROTC 기독장교 연합회
지도 목사 전용만(3기) 헌시(獻詩)

차례

Prologue "나는 왜 이 책을 쓰게 되었는가" 4
출판기념 헌시(獻詩) 6

1장 나를 멈추게 한 질문들

1-1	인생의 결산표 앞에서	12
1-2	나는 누구인가, 어디로 가고 있는가	15
1-3	왜 나는 정상을 꿈꾸는가	17
1-4	선택의 갈림길에서	22
1-5	끝없는 도전, 끝없는 응전	28
1-6	작은 용기가 만드는 변화	32

2장 아무도 없는 정상에 올라서다

2-1	정상에 도착해 보니	36
2-2	경쟁의 진정한 의미	46
2-3	인생의 5막을 지나며	50
2-4	하늘이 내게 맡긴 일	61
2-5	지혜로운 늙음의 기술	64
2-6	전문가의 한계와 겸손	67

3장 관계의 정상도 비어있다

3-1	정(情), 끊을 수도 없는 그 끈	78
3-2	33년을 함께한 친구들	81
3-3	변해 가는 인간관계의 풍경	88

3-4	어머니, 영원히 채워지지 않는 자리	91
3-5	아버지의 묵묵한 사랑	96
3-6	그리움과 눈물 사이에서	100
3-7	트로트 속에 스며든 정(情)	111

4장 비움에서 시작하는 새로운 삶

4-1	죽음의 문턱에서 배운 것들	116
4-2	절망 속에서 찾은 희망	121
4-3	30년 담배와의 이별	124
4-4	절제에서 찾은 진정한 맛	128
4-5	지팡이와 함께한 19,226걸음	131
4-6	흐르는 세월을 받아들이며	135
4-7	무거운 짐도 함께하는 은혜	139
4-8	리듬을 타는 세월	143

5장 정상은 언제나 비어있었다

5-1	돌아가고 싶은 그 자리	152
5-2	추억의 회갑 여행	155
5-3	칠순맞이 크루즈 여행	163
5-4	100타의 겸손한 깨달음	174
5-5	모든 것을 비추는 고요한 거울	179
5-6	다음 세대에게 물려줄 유산	182
5-7	칠우가(七友歌)	193
5-8	선각자(先覺者)의 교훈 외	195
5-9	기술이 가져온 편리함과 그 너머	202
5-10	유머와 여유, 삶의 또 다른 정상	213

Epilogue 228

1장

나를 멈추게 한 질문들

그 길의 끝엔 무엇이 있을까?

1-1

인생의 결산표 앞에서

"목표가 없다면 모든 바람은 역풍이다." — 세네카
"If you don't know where you are going, any wind will take you there." — Seneca

2024년도 끝자락이 바로 눈앞에 다가왔다.

30여 년 조직 생활로 단련된 나에게는 찬바람이 불기 시작하면 금년을 마무리하고 새해를 준비해야 한다는 의식이 체질적으로 자리 잡고 있다. 중장기 계획이든 단기 계획이든 시작이 있으면 끝이 있는 것은 당연하다.

기업을 Going Concern이라 하고, 매니지먼트 사이클 즉 Plan(계획) - Do(실행) - See(평가)의 단계로 나누어 달성해야 할 목표를 정하고 실행한 후 그 결과를 평가한다. 이런 단계를 계속 반복하면서 기업은 발전한다.

조직은 이것을 결산이라고 한다. 이 결산을 바탕으로 새해에 새로운 목표를 세운다. 어떤 인생이나 조직도 목표 없이 되는 대로 살아갈 수는 없다. 조직인은 본질적으로 목적 지향적이다.

목표 달성을 위해서는 기간을 세분하여 1일, 1개월, 분기, 한 해의 목표를 세운다. 이 기간에 달성 여부를 점검하여 차질 없이 진행되도록 최선을 다한다. 중간에 달성하지 못한다면 마감 때 큰 낭패에 부딪히게 된다.

목표를 세운다는 것은 그 자체가 살아 있는 생물과 같아서 생명력이 발동된다. 목표, 즉 해야 할 일이란 사람이 만들지만, 나중엔 일이 사람을 끌고 가게 되어 있다. 어떤 이는 일을 이루어 가는 것을 꿈으로 표현하기도 한다. 확실한 목표와 불타는 열정이 있다면 목표와 꿈은 이루어진다.

무엇을 꿈꿀 수 있다면 그것을 실행하는 것 역시 가능하다. 이를 요약하면 목표 = 꿈 = 해야 할 일과 일맥상통한다.

목표의 특성은 장단기적, 구체적, 현실적이며 실행 가능해야 하고 우선순위를 정해 놓는 것도 당연하다. 연도 말이 되면 당해 연도에 세운 목표의 달성 정도를 예측하여 가결산을 한다. 성과를 점검해서 잘 되었으면 만족하고 또 이 가결산을 바탕으로 하여 새로운 목표를 세운다. 이는 새로운 출발점이 된다.

목표를 실현하려면 어떤 장애 요소가 있는지 사전에 예측하여 정리하고 문제 해결책도 마련해야 한다.

기업에서는 이러한 목표 대비 결과를 평가하는데 그 모든 것을 기업의 언어라고 하는 숫자로 표시하고 대차대조표라는 형식을 빌려 대내외에 발표한다. 이 대차대조표에는 법이 정한 양식에 따라 자산과 부채, 자본과 그 차액인 이익으로 나누어 일정 시점의 재정 상태를 일목요연하게 표시한다.

특히 상장 회사라면 최종 확정된 이 대차대조표를 각 경제지나 주요 일간지에 공개적으로 발표한다. 우리는 이 표를 보고 조직이 어떤 상태에 있는지를 공정하고도 객관적으로 비교, 평가한다. 조직은 Going Concern이니 끊임없이 반복해 가면서 발전하는 것이다.

아이가 아프면서 크듯이 조직도 문제점을 시정해 가면서 성장 발전한다. 조직인으로서 삶을 이어온 나에게 결산의 때를 대비하여 각오를 새롭게 하고자 한다.

이미 발간한 첫 번째 수필집 『898 스토리』, 제2집 『크게 성공하진 못했을지라도』, 지금 쓰고 있는 제3집 『정상은 항상 비어있다(THE TOP IS ALWAYS EMPTY)』와 AI 시대의 급속한 변화에 대해 2년을 더 연구하여 집필할 제4집 『AI 시대와 유통』(2028년경 예정), 그리고 3~4년 뒤 계획하고 있는 5집 『인공지능과 비즈니스』(예정)를 쓰기 위한 중장기 계획을 세워 가고 있다.

에너지가 고갈될 때까지 열심을 다해 내 나름대로 인생을 흑자로 마감해야겠다고 다시 다짐해 본다.

"범사에 기한이 있고 천하 만사가 다 때가 있나니"

— 전도서 3:1

1-2

나는 누구인가, 어디로 가고 있는가

"진정한 발견의 여행은 새로운 땅을 찾는 것이 아니라, 새로운 눈을 갖는 것이다." — 마르셀 프루스트
"The real voyage of discovery consists not in seeking new landscapes, but in having new eyes." — Marcel Proust

나는 누구이고 왜 존재하나?
보이는 겉모양이 나인가?
진짜 나는 내가 누군지 아직도 잘 모른다.
그렇다고 보여 줄 수도 없다.
어떻게 해야 나를 보여 줄 수 있나?
이력에 적힌 한 줄 한 줄이 나인가?
내가 만들어진 이유야 있겠지만

- 무엇을 잘했나?
- 앞으로 무엇을 잘할 것 같나?

- 앞으로 갈 곳은 어딜까?

이런 나를 발견하기 위해
오늘도 나를 찾아 헤매면서
어제의 내가 오늘의 나와 같은가?
비교도 해 가면서
진짜 나는 어디에 있나?
누군가와 닮은 고민을 찾아보려고
전기(傳記)나 수기(手記)를 읽기도 하고 찾아도 본다.

몇 권을 읽어야 하나?
책 속에 내가 있나?
한 권 속에 단 한 줄이라도 나 같은 인간이나
같은 생각을 하는 사람을 찾아보자.

실력과 능력은 어느 정도이며
점수로 환산하면 100점 만점에 나는 몇 점일까?
볼 수도 없고 알 수도 없으니
나를 찾아가는 길이 참으로 어렵다.

"너는 어디에 있느냐" — 창세기 3:9

1-3

왜 나는 정상을 꿈꾸는가

"성공하는 사람들의 비밀은 3%의 노력이 아니라 3%의 사람이 되는 데 있다." — 짐 론

"Success is not about being in the top 3% of effort, but about being the top 3% of people who act." — Jim Rohn

제1장 계획과 Review

해가 바뀌고 한 살 한 살 나이가 드니 전례 없이 초조한 느낌이 드는 것은 세월이 참 빠르게 흘러간다는 것이다.

송구영신(送舊迎新) 인사를 나누고 지인들의 건강한 생활과 만사형통을 기원하던 연말연시가 지났다. 설 인사를 나눈 게 엊그제 같은데 어느덧 3월로 접어들었다. 새해 새로운 목표와 계획은 건물 지을 때 설계도와 같이 매사에 기초가 되고 기준이 되는 것이다. 그리고 설계도에 따라 차근차근 실천해 가면 되는 것이다. 나 자신도 이때쯤 되면 올해 이룩해야 할 큰 목표를 확정하고 구체적이며 실천

할 만한 내용들을 어느 정도 세워 놓아야 할 터인데 정리해 놓은 것이 하나도 없다. 참으로 부끄러운 일이다. 설계도에는 구체적인 문자나 숫자가 표시돼 있어야 한다. 도면이 보이지 않으니, 마치 안개 속의 물체같이 머리에만 희미하게 존재하고 있다. 조직에 몸담고 있었다면 있을 수 없는 일이다. 반성문 쓰는 심정으로 큰 줄기인 목표와 계획을 다시 수립하고, 실천하고, 평가하는 작업을 해야겠다.

제2장 나는 목표가 있다

조용히 생각해 보니 오늘까지의 생활이 마치 방향키 없는 배와 같았다고나 할까. 하루하루의 의미가 퇴색(退色)되어 가고 있다는 느낌도 든다. 이에 3%의 의미를 새겨 보고자 한다. 일설에 의하면 선진국민의 3%만이 구체적 목표를 세운다고 한다. 그뿐만 아니라 비행기의 1등석 승객들도 3%이고, 설문에 응하여 구체적 계획을 세운다고 답변한 사람들 중 부유층에 속하는 국민의 3%가 총자산의 90%를 차지한다는 통계가 있다. 완제품 김치의 발효 과정에서 이상적인 염(鹽) 농도(濃度)도 약 3%이다. 세계 평균 바닷물의 염(鹽) 농도(濃度)가 100g당 약 3.5g이다. 이 이론에 입각한 포카리스웨트가 86아시안게임과 세계적 행사였던 88서울올림픽 붐(Boom)에 힘입어 스포츠음료 시장에 돌풍을 불러일으켰을 뿐만 아니라 회사가 한 단계 UP Grade 되는 계기가 되었다. 실무 책임자였던 나도 임원으로 승진되는 계기가 되었으니 3%에 함축되어 있는 그 의미가 내게는 참으로 크다고 하지 않을 수 없다.

　목표를 세워 놓고 움직이지 않으면 곧 넘어진다. 달리지 않으면 넘어지는 자전거와 같다.

　"목표 = 계획 = 해야 할 일"을 구체적으로 작성해 놓아야 하는 것이다. 목표를 세웠으니, 이제부터 게임(game)이 시작된다. 즐겁게 게임 하면서 명예가 걸린 것이라 생각하고 나 자신을 독려해야겠다.

　* 참고로 목표를 세우고 문서로 작성하는 사람과 그렇지 않은 사람과의 차이

하버드 대학 심리연구소 조사(연도는 미상)
65세 정년 퇴직자의 삶

목표 유무(有無)		결과
인생의 목표를 문서로 작성	3%	홀로서기 성공
목표 : OK, 작성 : NO	10%	불편 없는 여생
목표 : OK, 생각만, 실천 : NO	60%	하루살이
목표 : NO, Vision : NO	27%	자선이나 구호단체 의존

제3장 나는 적극적이다

　이러한 목표를 추진함에 동력이 되는 것은 열정(Passion)이며 적극적 사고방식과 일맥상통(一脈相通)하는 자세다. 매사에 열정 없는 자세로는 성과를 이룰 수 없는 것이다.

따라서 열정이 있으면 행동하게 되어 있다. 계획대로 움직이고 실천하면 된다. 열정에 충실하면 성공한다는 확신도 가지게 되는 것이다. 나 자신 자신감을 가지기 위해 내 나름대로 구호(口呼)를 만들어서 기회 있을 때마다 "나는 할 수 있다"라고 마음속으로 외치면서 다짐해야겠다. 이 기회에 어느 한 분야라도 3%에 들기 위해 그 의미를 새겨 보며 계획서를 작성하여 적극적으로 추진하고자 한다.

나의 신조(信條)

제1조. 성경 읽기는 기본이며 분기별로 1독 한다.

제2조. 확정된 기간 내에 세 번째 수필집을 출간한다.
 1) 5월 말까지 가 편집(假 編輯)
 2) 6월 초 : 출판사 선정
 3) 7월 초까지 퇴고(推敲)
 4) 8월 중 출간

제3조. 온라인 강의를 수강한다(서울 사이버 대학교).
 *1학기 수업(확정)
  1) 미래 사회와 미래 기술

2) 인공지능과 비즈니스

*2학기 수업(예정)

    제4집 : AI 시대와 유통(2028년경 예정)

    제5집 : 인공지능과 비즈니스(2030년경 예정)

제4조. 2주마다 1편의 원고를 작성한다.

제5조. 하루 6,000보 이상 걷기.

2025년 3월

    "무릇 계획은 심중에 있어도 여호와의 말씀만이 서리라"
    ― 잠언 19:21

1-4
선택의 갈림길에서

"인생의 성공은 올바른 선택의 누적이다. 한 번의 선택이 인생을 바꿀 수 있다." ― 스티브 잡스
"Life is a series of choices. Choose wisely, for each choice shapes your destiny." ― Steve Jobs

인생은 "선택의 예술이다."라는 말이 있다.
프랑스의 실존주의 철학자 사르트르가 말했다는 명언을 모르는 사람이 없다. '인생은 B(Birth, 탄생)와 D(Death, 죽음) 사이의 C(Choice, 선택)의 연속'이다. 매 순간 그 무언가를 선택하며 사는 것이 인생이다.

일생을 살아오면서 고비마다 선택을 잘하면 어떤 분야에서 꽃길을 걸을 수도 있고, 잘못 선택함으로 좌절의 늪에서 쓴맛을 보는 경우를 우리는 흔히 볼 수 있다. 성공한 삶을 위해서는 적성을 고려하면서 고비마다 전문적 교육을 받고 종사할 분야를 선택할 것인가

하는 것은 매우 중요하다. 일생을 좌우하는 만큼 선택을 잘하여야 한다. 나도 수많은 선택의 기로에 당면했지만 지나고 보니 내가 적어도 세 가지는 그런대로 선택을 잘했다고 생각되며 후회는 없다.

그중 첫 번째는 경영학을 전공한 것이다. 경영이란 사회계열로 특정한 목적 달성을 위해 구성된 조직을 전반적으로 관리하고 운영하는 것으로 요약할 수 있다. 어떤 분야에든 취업의 문이 열려 있는 분야이다. 60년대는 취업에 절대적으로 유리한 인기 학과 가운데 하나였던 경영학과는 경쟁이 치열했다. 일을 효율적으로 잘하려면 이공계든 인문계든 경영 마인드가 있어야 한다. 거의 모든 조직은 합리적 경영에 의해 유지되고 조직의 목표를 달성하는 것은 필수이다. 세부적으로 전략, 리더십, 마케팅, 재무, 인사관리와 조직 행동 등을 연구해서 경쟁을 통해 목적을 달성해야 한다. 조직의 성장과 발전을 위해 어떤 형태로든 경쟁을 피할 수는 없는 것이다. 인문계든 이공계든 혼자서 할 수 있는 일이란 극소수이고 대부분은 조직으로 일해야 한다. 이론적으로 무장하고 현업에서 적응하는 데 경영학 전공은 절대적으로 유리하다고 할 수 있다.

두 번째는 ROTC를 택한 것이다. 온 겨레가 보내는 뜨거운 성원은 물론 새 희망의 포부와 기대 속에 1963년 1기가 소위로 임관한 후 지금까지 25만여 명의 장교를 배출했다. 4월 혁명의 주인공들로서 조국간성(祖國干城)에 앞장서 왔으며 학문과 정치, 경제, 사회,

국방 분야 등 요소 요소에서 국가의 중추적 역할을 해 온 것을 긍지로 삼고 있다. 그뿐만 아니라 장교의 책무는 그 책임의 중대함을 자각하고 직무수행에 필요한 지식과 기술을 습득해야 한다. 매사에 법규를 준수하고, 솔선수범하여 부하로부터 존경과 신뢰받아 역경에 처해서도 올바른 판단과 조치를 취해야 하는 통찰력을 발휘해야 한다. 조직을 운영, 관리하는 리더십을 단련하고 실천했으니 참으로 잘한 선택이었다.

세 번째는 25년간 재직했던 동아 소시오 그룹에 입사한 것이다. 아무 연고도 없던 회사에 공채로 입사해서 제때마다 한 번의 누락도 없이 상장 회사 임원까지 거쳤기 때문이다. 특히 재계의 삼성, 대한항공, 현대, 대우 등 몇 개의 재벌 회사에서 시행했던 산업훈련 연수원의 대열에 제약업계 선두였던 동아제약에서 교육 담당 중책을 담당했다. 새로 개발되는 이론과 현장 접목은 직급별, 분야별로 시행됐다. 국내외 학계와 업계에서 성공한 조직과 주인공들의 사례 연구(Case Study) 발굴과 보급은 산업훈련이라는 새로운 분야가 생겨 업종 불문 각 기업 발전에 크게 기여했다. 교육 훈련 담당자로서 2차 대전 후 선진 산업국에서 행동과 실천의 효과가 컸던 MTP(Management Training Program) 교육 외에 각종 세미나를 수강한 것을 금액으로 환산하더라도 엄청난 혜택을 받았다. Power Game에 밀려 최고 경영자까지 오르지 못했으나 부서장급 간부가 담당해야 할 BM(Brand Manager)을 고급 간부로서 스스로 자원하여 실무를 겸해서 7~8년간 담당했던 POCARI SWEAT 시절은 그야말로 화양연화(花樣年華)였다. 발매 후 40여 년이 지난 지금도 건강음료 시장은 신장되고 있다. 8학군에서 아이 셋 모두가 초등학교부터 대학까지 회사에서 지급하는 장학 혜택으로 졸업시켰다. 퇴직한 지 28년이 되었지만, 애사심은 지금까지 전혀 변함이 없다.

"과거는 바꿀 수 없지만, 미래는 바꿀 수 있다."라는 말이 있다. 남은 여생을 어떻게 선택을 잘해서 보람 있게 살아갈 것인가를 머릿속에 그리면서 아름다운 시 산문 시간을 즐기며 원고를 다듬고 있다.

"사람이 마음으로 자기의 길을 계획할지라도 그의 걸음을 인도하시는 이는 여호와시니라" — 잠언 16:9

돌아보니 매사가 미완성이고 모든 면에 부족함이 너무 많았지. 기억도 아물아물 82년여

눈에 보이는 아름다움도 희로애락(喜怒哀樂)과 가슴 뭉클했던 사연도

이젠 메모리의 한계에 부딪혀 기억 저편으로 사라지고 그 빈자리에 AI와 메타버스로

채우려니 혼란스럽기만 하네.

뭐 하나 제대로 해 놓은 게 없어 취미생활도 소극적

그 흔한 악기 하나도 다루지 못해

맡겨진 일 때문에 아이들과 여한 없이 놀아 주길 했나 기껏 가족들과 만들었던 기억이라면

동해안과 서해 피서 각 두 번에 딸아이와 제주 여행 정도. 당면한 목표 의식과 솔선수범이란 부담 안고

일하면서 느꼈던 몇 번의 작은 보람에 뿌듯했지만 되돌아보니 무슨 의미가 있었나?

다 뜬구름 같은 것.

이제 남은 것이라곤 아련한 추억뿐이어라. 조급함 때문에 사기당했던 어리석음,

모험이 두려워 인생을 건 승부 한번 못 해 보고 그나마 의사소통에 별 지장 없었던 일본말도

30년 가까이 쓸 기회 없으니 낯설어지고

가끔 듣는 영어 방송도 이해가 안 되니 결론은 모르는 것이지요.

만족함 없었던 성과와

한번 눈 밖에 나 버리면 용서와 화해에 극히 인색(吝嗇)했던 객기(客氣),

이제 모두 잊어야지 아무 감정 남김없이 참회하고 반성해도 무슨 소용 있으랴, 춘풍추우 그 긴긴 세월을 사랑하고 미워하고 갚을 수도 없는 마음의 빚을 잔뜩 졌으니 자의든 타의든 내 인생의 이야기를 만들어 준 그대들에게 행복을 빌며 고맙고 감사했다는 진심 어린 말 한마디라도 남기고 싶소.

1-5

끝없는 도전, 끝없는 응전

"역사는 도전과 응전의 연속이다. 인간의 발전은 환경이 제공하는 도전에 어떻게 응전하느냐에 달려 있다." — 아놀드 토인비
"History is a cycle of challenges and responses. Human progress depends on how we respond to the challenges that our environment presents us." — Arnold Toynbee

1. 목표 : 성경 100독

극기(克己)는 끊임없이 되풀이되는 훈련이나 자기 단련을 통해서 설정한 일정 목표에 도달할 수 있는 것이다. 자기의 감정이나 무사안일 하려는 충동을 이성적 의지로 이를 꺾고 실천함으로써 육체적, 정신적으로 소기(所己)의 성과를 거둘 수 있다. 우리의 삶 자체가 문제로 이어지게 되어 있다. 더위나 추위와 싸워야 하고, 게으름과 나태, 졸음과도 싸워야 하며, 빈곤 극복은 물론 병마와도 싸워야 한다. 열매를 거두기 위해서도 싸워야 하는 것이다.

우리는 내일 이기기 위해 오늘도 싸워야 한다.

갈라디아 5:22-23에서 성도(聖徒)가 꼭 실천해야 할 아홉 가지가 있다. 즉 사랑(love), 희락(joy), 화평(peace), 오래 참음(patience), 자비(kindness), 양선(goodness), 충성(faithfulness), 온유(gentleness)와 절제(self-control) 등 성령의 열매를 맺기 위해 싸워야 하고, 더불어 미움(hate), 탐심(greedy), 시기 질투(jealousy), 거짓말(lie)이나, 교만(pride) 정욕(sexual), 음란(lewdness)과도 싸워야 한다. 승리를 위해서이다. 또한, 모든 날의 문제인 죽음을 해결하기 위해 인류는 종교를 갖게 되었고 나도 예수님을 믿고 의지하게 되었다.

2. 세부 실천 계획 : 성경 분기별 1독

역사학자 아놀드 토인비(Arnold Joseph Toynbee)도 "역사는 도전(挑戰)과 응전(應戰)이다."라는 유명한 말을 남긴 것과 같이 우리의 매사는 도전과 응전이다.

이런 여건 속에서도 전력투구(全力投球)로 도전(挑戰)하고 응전(應戰)했지만 크게 성공하진 못했다고 고백한다. 주위 환경과 여건보다 나 자신과의 싸움에서 승리하지 못했던 때가 많았기 때문이다.

3. 자기 관리

목표를 정한 대로 달성하고 책도 쓰는 대로 베스트셀러가 되었더라면 아마 크게 성공했을 것이다. 시험도 치는 대로 합격하고, 회사나 사업도 내 마음먹은 대로 다 이루었다면 성공의 꽃길만 걸었을 것이다.

그렇지 못한 와중(渦中)에서도 약간의 성취와 보람도 있었지만, 세상사가 모든 것이 그렇게 만만치 않았을 때가 많았다. 아직도 늦지 않았다고 생각하며 해결해야 할 숙제를 풀어 보려고 오늘도 새롭거나 미진한 분야들을 배우고 익히고, 노력하고 있는 것이다.

4. 학습과 성장

"크게 성공하진 못했을지라도"는 2024년 3월 8일에 펴낸 수필집 이름이다. 이 책은 나 자신과 싸웠던 과정들을 진솔하게 써 놓은 것들이다.
 이번에 준비하는 제3집도 또 하나 나 자신과 싸움이다.
 제4집은 전공을 살려 제4차 산업혁명에 수반되는 마케팅 환경의 변화가 극심한 AI(Artificial Intelligence) 시대를 예측하기가 참으로 어렵고, 세계 각국에서 하루가 다르게 나타나는 기술 혁신은 실로 예측을 불허하고 있다. 따라서 지금까지 정성 들여 모아 놓은 자료를 정리하고 변화를 파악하여 제5집까지 만들어 볼까 고려하고 있다. 일평생 목표를 설정하고 싸워 왔기에 앞으로도 매사에 목표를 정하고 노력해 볼 작정이다.

◆ 도전(목표)과 응전(성취) 방향

제1집 : 898 스토리(2020년 5월 17일 기 출간 : 독립 출판사)
제2집 : 크게 성공하진 못했을지라도(출판사 : 좋은땅, 2024년 3월 8일 출간)
제3집 : 정상은 항상 비어있다(출판사 : 좋은땅, 2025년 9월 출간)
제4집 : AI 시대와 유통(2028년경 예정)
제5집 : 인공지능과 비즈니스(2030년경 예정)

"내가 선한 싸움을 싸우고 나의 달려갈 길을 마치고 믿음을 지켰으니" — 디모데후서 4:7

1-6

작은 용기가 만드는 변화

"완벽한 때를 기다리지 마라. 지금 당장 시작하라. 작은 행동이 큰 변화를 만든다." — 스티븐 코비

"The key is not to prioritize what's on your schedule, but to schedule your priorities." — Stephen Covey

개인이나 조직에 있어서 용기와 기회는 매우 중요하다.
때맞추어 적용하지 않았을 때 두고두고 후회할 수도 있다.
기회가 왔을 때 그것을 알고 잡느냐 못 잡느냐에 따라 최종적으로 승부가 갈린다.

기회를 잡는 것은 새로운 가능성을 탐색하고, 성장하며, 경쟁력을 강화하는 방법이 될 수도 있다. 그러나 기회를 간과하거나 놓치게 되면 회복할 수 없는 대가를 치르게도 된다.
기회를 잡으려면 냉철한 판단과 용기가 필요하며 순간적으로는 희생과 대가를 치러야 할 때도 있다.

사안(事案)에 따라 순간적 판단은 물론
길게 보고 대처할 때도 있다.
중요하거나 시기적절하게 의사 결정을 못 하고 놓쳐 버렸거나
말해야만 하는데도 말하지 않았을 때 낭패를 당한다.

행해야만 하는데도 행하지 않은 것은 경우에 따라 엄청난 대가가 따른다.
그리고 내가 생각하지 말아야 하는데도 생각한 것과
말하지 말아야 하는데도 말해 버린 것
행하지 말아야 하는데도 행한 것
사안에 따라 크게 낭패 볼 때도 있다.
물론 서둘지 않아서 득이 될 때도 있을 수 있다.
예로부터 전해오는 말에 하루에 반드시 행하여야 할 일들을
참고하여 쉬운 것 같지만 실천하기가 쉽지 않은 일상을 용기를 갖고 꾸려 나가고자 한다.
즉
일일일선 (一日一善)
십면(十面)
백서(百書)
천독(千讀)
만보(萬步)란 말이 있다.

하루에 한 가지 선한 일을 하고
열 사람을 만나 덕담을 나누고
백 글자를 쓰고
일천 글자 이상의 글을 읽으며
일만 보를 걸으라.

이것이 건강하고 복된 삶을 살아가는 지름길이라는 것이다.
이 중 건강 상태를 감안, 1만 보를 6,000보 이상으로 정하여
용기를 갖고 게으름 피우지 않고 실천하여 건강하고 복된 삶을
누려야지.

"작은 일에 충성된 자는 큰 일에도 충성되고 작은 일에 불의한
자는 큰 일에도 불의하니라" — 누가복음 16:10

2장

아무도 없는 정상에 올라서다

비어 있음의 완성

2-1

정상에 도착해 보니

○ 정상(頂上)은 언제나 비어있다

"정상에 도달하는 것은 목표가 아니라 출발점이다. 진정한 성취는 그 자리를 다음 세대에게 물려주는 것이다." — 존 C. 맥스웰
"The summit is not a destination but a starting point. True achievement lies in passing that place to the next generation."
— John C. Maxwell

복잡다기한 현대를 살아가려면 다방면으로 알아야 하고 모를 때는 전문가의 도움이 필요하다.

전문가(專門家)는 기술 예술 기타 특정 직역(職役)에 정통한 전문적인 지식과 능력이 있는 사람, 또는 그 분야를 통달한 사람을 의미한다.

나와 같은 범인(凡人)은 직업으로서의 전문가가 아니더라도 조금만 노력하면 편리하게 살 수도 있고, 남에게 도움 줄 수도 있으니

보람이 된다. 반대로 주요 부분을 지나침으로 뜻하지 않는 손해를 볼 수도 있다. 2024년 8월 22일 오늘 SBS 보도에 따르면 금년 전세 사기 피해자가 벌써 2만 건을 넘겼다고 했다.

평범한 다수의 사람이 알지 못하는 영역이 너무나 많은 다극화(多極化)된 세상에 전문가들에게 자문을 구하거나 사전에 대비함으로써 예기치 않은 손해를 미연에 방지할 수도 있다. 다 그런 것은 아니지만, 전문가는 자신이 조사하고 연구한 것에 허점이 있을 수 있고, 아직 모르는 영역이 있을 수 있음을 인정하며 조심스럽게 행동하는 반면, 사기꾼은 자신이 연구한 것이 충분한 근거가 없음에도 모두 사실인 양 말하는 차이점이 있다. 이것을 분별할 수 있을 정도의 안목을 가져야 최소한 속지는 않을 것이다.

우리는 일상생활에서 다방면으로 경험하고 또 실정(實情)을 파악함으로 유용한 생활을 할 수도 있다. 예를 들면 부동산 매매, 전월세 등 이사할 때면 사전에 은행과 금융기관의 예금과 대출 규정 등을 파악함과 동시에 금리 등도 가장 유리한 방법을 선택함으로 생활에 크게 보탬을 받을 수 있다. 본격적으로 수입을 위해서라면 전문가 자격증을 따는 것은 더욱 유용하다.

어느 분야든 꿈을 얻기엔 사실 1만 시간도 짧다. 성공한 사람들의 공통적인 비결은 한 가지 일에 하루 3시간씩 10년은 공들여야 한다는 것이다.

위클리 버즈는 말콤 글래드 웰과의 인터뷰에서 "위대한 성공을 거두기 위해서는 일만(一萬) 시간의 노력이 필요하다"라는 경험칙을 주장한다.

"단순히 많은 시간을 보내느냐?"가 아닌 그 시간을 "어떻게 보내느냐?" 하는 질적인 문제도 있긴 하다. 또한, 운전이나 기술자 같은 기능인들 중에는 어느 수준까지 기술을 익히면 더 이상 노력하지 않는 사람도 있다.

그러나 각 분야를 섭렵(涉獵)하는 유명인들은 대개가 이런 과정을 거친 사람들이다. 이런 분들은 일을 즐기고 Vision이 있기 때문에 몸을 불사른다. 이번 파리올림픽에서 꿈을 이룬 우리나라 양궁팀도 스포츠 분야에서는 좋은 본보기가 되고 있다. 특히 금메달을 5개나 획득한 김우진 선수는 시력이 좌우 0.3과 0.4인데 10m 앞에서 과녁을 보면 좁쌀만 한 크기가 아른거린다고 했다. 그런데도 쐈다 하면 대부분이 10점이었다. 이것도 피나는 연습의 결과일 것이다. 또한, 세계 랭킹 24위인 여자 태권도의 김유진 선수가 금메달을 목에 걸고 인터뷰 시 발차기를 하루 1만 회에 가까울 정도로 노력했다고 한다. 노력 없는 성공이 있을 수 없고 고통 없는 성과가 어디 있겠는가? 운동선수, 교수, 심지어 대통령까지도 그들의 최고의 지위를 누리는 동안, 그들은 언젠가 새롭게 도전하는 사람들에게 자리를 내놓아야 한다.

이것이 바로 '정상은 언제나 비어 있다'는 말의 핵심이다. 정상이란 영원히 머무를 수 있는 안식처가 아니라, 잠시 머물다가 다음 주자에게 물려주어야 할 중계점에 불과하다.

결국, 전문가나 정상급의 자리에 있는 사람들은 자신들의 지위를 유지하기 위해 노력도 하지만 더 중요한 것은 자신의 분야를 발전시키고, 새로운 세대가 그 뒤를 이어갈 수 있도록 길을 열어 주는 것이다. 각 분야에서 정점에 있는 정상의 인들은 그 정상의 자리를 비워 주려는 생각을 가져야 한다.

그것은 새로운 도전자들에게 자신들의 꿈을 이루고, 새로운 시대를 열도록 마련된 자리일 뿐이다. 진정한 리더의 자질은 자신이 이룬 성취에 안주하는 것이 아니라, 그 성취를 발판으로 후배들이 더 높이 오를 수 있도록 돕는 것이다.

이것이야말로 인생의 가장 아름다운 완성이 아닐까? 자신이 도달한 정상을 다음 세대를 위해 기꺼이 비워 주는 것. 그러니 정상은 언제나 비어있는 것과 같다고 할 수 있다.

> "너희 중에 누구든지 크고자 하는 자는 너희를 섬기는 자가 되고 너희 중에 누구든지 으뜸이 되고자 하는 자는 모든 사람의 종이 되어야 하리라" — 마가복음 10:43-44

○ 기억에 남는 EVENT 사례들

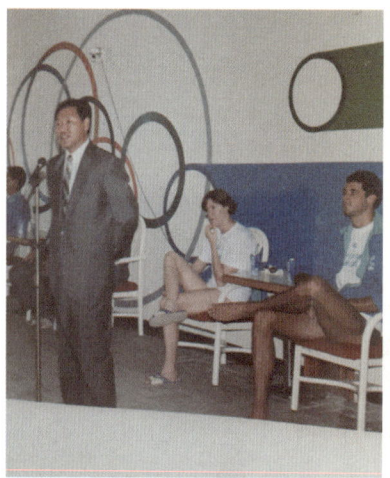
매트비온디 수영 강습('89년)

용인 자동차 경기장에서 화장품 판촉 행사

한강 유람선 세모('89년 세계 영양학 행사 시)
88 미스코리아 진 김성령과 선 김혜리

레체바 불가리아 사격선수('88)
서울 올림픽 금메달 수상자

거북이 마라톤에 참가한 미스코리아들 1992

부산 해운대 파라다이스 호텔 Open sign 행사

1988 Miss USA Courtney Ann Gibbs
Courtney Ann Gibbs(Chicago)

동아 마라톤 지원팀

88 서울 올림픽 미국 수영(선수) 썸머 샌더스 　라미화장품 전속모델 김희선 행사를 앞두고

올림픽공원 정문에서 시음 행사

해운대 해수욕장에서 판촉 활동

제1회 포카리기 생활체육 축구대회 우승기 전달식

2-2

경쟁의 진정한 의미

"경쟁이 없다면 발전도 없다. 경쟁은 우리를 더 나은 사람으로 만드는 촉매제다." — 피터 드러커

"Competition is a painful thing, but it produces great results."
— Jerry Flint

  살아 있는 동식물들은 환경 변화에 적응하면서 종족 보존과 유지, 발전을 위해 치열하게 경쟁하고 있다.

  그중에서도 인간세계의 경쟁은 치열하다. 예전에는 공부와 몇몇 예체능 분야의 승부 세계가 있었다. 그러나 요즘은 직종도 셀 수 없을 정도로 다양화되어 있고 하드웨어나 소프트웨어 분야에서 경쟁은 수많은 영웅들을 탄생시키고 있다. 이 영웅들은 명성과 재물을 쌓아서 뭇 사람들의 존경과 흠모(欽慕)의 대상이 되고 있다. 이 모든 것들의 밑바탕에는 경쟁이 자리 잡고 있으며 우리는 이를 생존경쟁이라고 한다. 경쟁은 다양한 형태로 나타날 수 있으며, 정치, 경제, 사회, 문화, 체육, 군사, 과학 분야의 경쟁은 그 치열하기가 말

로 간단히 표현하기란 쉽지 않다. 경쟁은 보이든 보이지 않든 공정성이 있어야 하며 크게 나누어 이기(利己)적, 이타(利他)적, 선의(善意)적 사랑으로 나누어 보고자 한다.

　이기적, 이타적 경쟁(Selfish competition)은 서로에게 고통 주고 비도덕적이거나 불법적인 수단을 사용하여 다른 경쟁자를 이기는 것을 말하며 사회에 악을 끼친다. 이는 부정행위, 사기, 속임수 등을 포함할 수 있으며 엄청난 문제를 일으킬 수 있다. 이는 다른 경쟁자들을 제압하고 자신의 이익을 극대화하기 위해 수단과 방법을 가리지 않는 경우가 많다. 얼마 전 보도에 의하면 세계적 기업인 우리나라 반도체 회사에서 부사장을 역임했던 경영자가 중국으로 그 기술을 넘김으로 크게 문제 되어 재판 중이라고 한다. 심지어 안보 분야의 기밀 유출도 금년에만 해도 12건이나 입건되어 있다 하니 이기주의자 앞에서는 국익도 고려 대상이 되지 않는 것으로 보인다.

　반면에 선의의 경쟁(Benign competition)은 공정하고 협력적인 경쟁이다. 인간관계를 좋게 한다. 이는 개인이나 집단이 자신의 능력을 발휘하고 발전시키기 위해 노력하는 경쟁이다. 스포츠, 학문, 비즈니스 등 다양한 분야에서 나타날 수 있으며 상호 발전의 밑거름이 될 수도 있다. 모든 업적은 기록과 업적으로 룰(Rule)에 따라 객관적이며 비교적 공정하다고 할 수 있다. 금년 파리올림픽에서 국위를 크게 선양(宣揚)했던 여자 양궁팀은 우리의 기억에 오래도록 간직될 것이다. 40년 동안 연속해서 열 번의 올림픽 단체전을 제패한 것은 세계를 놀라게 하고 있다. 2020년 도쿄올림픽에 출전하여 연속해서 아홉 번째 금메달을 조국에 안겨 줬던 안산, 장민희, 강혜영 등 세 명의 궁사들은 공정한 경쟁에 의해 선발된 파리올림픽의 임시현, 남수현, 전훈영 등 또 다른 세 명의 궁사들에게 새로운 국가대표로 이어지므로 연이어 금메달을 쟁취하게 된 그야말로 선의의 경쟁의 본이 된 것이다.

또한, 사랑의 경쟁(Competition for love)은 개인이 다른 사람들로부터 사랑과 관심을 얻기 위해 경쟁하는 것을 말한다. 이는 사회적 지위, 외모, 능력 등을 통해 다른 사람들보다 더 매력적으로 보이기 위한 경쟁을 의미한다. 도가 지나쳐 부작용으로 나타날 위험도 있다. 또한, 불안과 질투를 유발할 수 있지만, 동시에 개인의 성장과 자기 계발을 도모할 수 있다. 사랑의 경쟁 중 으뜸이라 할 수 있는 것은 사랑하는 자녀나 후배, 또는 제자들이 자기보다 더 우수하고 유능한 사람으로 성장하도록 진심으로 바라는 마음이다. 청출어람 청어람(靑出於藍 靑於藍)이란 말이 있다. 쪽빛에서 나온 푸른 물감이 쪽빛보다도 더 푸르다는 것이다. 이는 제자가 스승보다 더 뛰어나다는 말이다.

이 얼마나 멋진 아름다운 사랑의 경쟁인가?

사람은 누구를 막론하고 지금까지 살아오면서 위와 같이 세 가지

경쟁에 직간접적으로 참여해 왔고 앞으로도 계속 참여하게 될 것이다. 그 규모의 대소를 가리지 않을 뿐만 아니라 매사에 시차를 두고 이 경쟁의 대열에 동참할 수밖에 없는 운명이다. 피해 갈 수도 없다.

이제부터라도 매사에 이기주의는 줄일 수 있는 데까지 최소로 줄이고, 선의의 경쟁을 기본으로 하여 가급적이면 최고의 경지에 있는 사랑의 경쟁에 여생을 바쳐 보려고 오늘도 나 자신을 다잡아 본다.

"선한 경쟁은 여러 사람에게 유익하나니 스스로 경성케 하여 그 자신의 영광을 나타내라" — 고린도전서 9:24

2-3

인생의 5막을 지나며

"인생은 무대이고, 우리는 여러 번의 막을 연기하는 배우다. 각 단계마다 다른 역할을 맡되, 최선을 다해 연기하라."
— 윌리엄 셰익스피어
"All the world's a stage, and all the men and women merely players: they have their exits and their entrances; and one man in his time plays many parts." — William Shakespeare

"시간은 금이다."라는 말을 많이 들어 왔다. 80 고개 넘어가니 그 말이 더욱 절실하게 피부에 와닿고 느낌이 달라질 수밖에 없다. 새해를 맞이하니 어김없이 늘어나는 것은 또 한 살을 보태는 나이다. 어제와 오늘, 작년과 금년을 비교해 봐도 달라진 것은 별로 없는 것 같다. 그래서 거울에 비춰 봐도 보이는 외관이나 보이지 않는 내면도 마찬가지로 느껴진다. 많은 사람들과 만나고 그들과 함께 이야기를 만들 온 과정들, 그들과 함께했던 가슴 벅찬 이야기는 물론 나락에 떨어져 울던 일들을 되돌아보면서 이야기들은 만들어진 것이다.

무엇보다도 생애 관리에서 가장 중요한 것은 단연코 건강이 필수 요건이다. 건강하면 모든 것을 가진 것이라고 많은 사람들은 말하고 있다. 건강도 상태에 따라 간단히 상중하로 나눌 수도 있다. 상위로 올라갈수록 건강 상태가 양호하다. 아무 연고도 없던 회사에 입사하여 26년여를 건강한 종업원으로 크게 성공하진 못했을지라도 그런대로 보람 있었던 시절이었다. 평생직장이 사라지고 다양한 직업과 새로운 인생 설계 전략으로 유명한 린다 그래튼의 저서 『100세 인생』을 참조하여 울고 웃던 지나온 80여 년의 발자취를 5단계로 나눠 보고 내 나름대로 그에 따른 의미를 되새겨 보고자 한다.

면학(勉學)과 준비(유소년에서 병역을 치를 때까지) :
교육으로 실력 향상 시기

어떤 철학자는 "어릴 때 겸손을 배워서 용기로 살아라."라고 충고하고 있다. 사회로 진출할 준비 기간이지만 그 준비 과정이 시험이라는 높은 관문을 수도 없이 거쳐야 하는 시련기다.

경쟁 없이 영광 없다. 가장 중요한 것은 꿈과 건강 그리고 암기력(暗記力)이 승패의 기준이 된다. 수없이 치러지는 시험은 상위학교 진학을 위해 준비하는 과정이라 할 수 있다. 지금은 특목고를 제외하면 고등학교까지는 의무 교육이니 지역에 따라 제도적으로 배정되고 있다. 학업의 목표는 개인의 적성과 사회 여건을 고려하여 전문 분야를 선택하고, 장래가 보장되는 진학 학교를 목표로 설정하는 것이다. 그러나 이러한 과정은 마치 전쟁과 같은 초경쟁 시기로 이어지며, 극도로 발달한 눈치작전과 빈부 격차에 따른 유불리로 격차가 심화되는 경우가 많다.

일류학교에 입학하는 것은 주로 암기력에 크게 좌우된다. 암기를 잘하면 대학 입시까지 크게 유리하고 여기에 더하여 응용력이 있다면 그야말로 금상첨화(錦上添花)이고 일평생 큰 자산이 되고 배우자 선택에도 유리하다. 전공과목은 물론이려니와 시대가 글로벌화되니 외국어도 한두 개 정도 능통해야 경쟁에서 우위를 차지한다. 내가 직장에 입사하기 전까지는 암기력 부족으로 연전연패(連戰連敗)로 지원하던 상급학교에서 언제나 차선의 학교 입학으로 만족할 수밖에 없었다. 실패는 성공의 어머니란 말이 있다. 이때 생긴 도전 의식과 인내심은 나에게는 무엇과도 바꿀 수 없는 무형의 자산이 되었다. 누가 가르쳐 주지는 않지만, 이 시기에 스스로 육성해야 하는 것 중에는 인격도야(人格陶冶), 겸손(謙遜), 온유(溫柔)한 성품도 길러야 리더십이 생긴다. 농구와 유도를 몸에 익힌 것도 이 운동을 통해 기를 살리는 데 도움이 된 것도 사실이다. 전공한 경영학은 당시에 생소했고 상학과의 한 분야인 시장론으로 인식되고 있었다. 지나고 보니 천우신조(天佑神助)로 탁월한 선택을 했던 것이었다. 이때부터 행운은 내 것이 된 듯했다. ROTC 출신으로 임관하여 경리병과로 선발됐고 부대 배치된 지 1년도 되지 않은 1969년 1월 육군 중앙경리단 EDPS(Electronic Data Processing System)과로 전출되었다. 프로그래머 교육받은 것이 지금까지도 받고 있는 큰 혜택이었다. Punch card system에서 Digital화되기까지 경험한 것도 또 하나의 행운이었다.

그뿐만 아니라 군 생활을 통해 나 자신도 모르는 사이에 장교로서의 긍지와 단체생활, 극기를 배우는 도장이 된 것이다. 하지만 암기력이 모든 걸 좌우하던 시기가 거의 끝나고 행동과 실천, 그리고 실적이 기다리는 다음 단계인 직장에서는 달라지는 경우는 너무나 많다. 뒤돌아보니 이 시기에 외국어 즉 영어 실력을 익히지 못한 것이 두고두고 걸림돌이 되었다. 80이 넘은 나이에도 하루 한 시간 정도는 EBS를 통해 회화 위주로 보충하고 있다. 어떤 경우에는 하위 그룹에서 무시당하던 사람들이 어느 날 갑자기 승승장구하고 다면(多面) 평가에서 승자가 되어 상사로 모셔야 하는 경우도 발생한다. 특히 자타가 공인하고 좋은 배경을 둔 학교 출신자들이 경쟁에서 탈락해서 억울해하는 것도 자주 본다. 그러나 그것은 자기만의 생각이고 이력서를 달고 다닐 수는 없는 것이다. 개인에 따라 다를 수는 있지만, 국민의 의무인 병역을 마치게 되면 일생에 가장 중요한 청, 장년 단계가 기다리고 있다.

청장년(青壯年) : 27~49세 : 일하면서 역사교육 병행

입사부터 부서장의 직위까지 가는 초급단계이다.
도전은 물론이고 용기와 신념으로 살아야 할 시기다.
용기는 때로 손해와 희생을 초래한다.

진실을 말할 때는 더욱 그렇다.

용기 내기가 쉽지 않은 이유다.

옳은 것을 옳다 하고, 그른 것을 그르다고 말할 수 있는

용기는 자신의 존재 가치를 드러내는 확실한 방법이다. 그야 말로 중간 관리자로서 형성되는 이미지는 더 상위직으로 갈수록 무언의 자산이 되기도 하지만 상하 관계가 원활하지 않을 위험을 수반할 우려도 있다. 소신과 꿈이 있으면 기회는 찾아오게 되어 있다. 우여곡절(迂餘曲折) 끝에 나에게 또 하나의 기회가 찾아왔다. 적자로 허덕이던 식품 회사로 전출된 것이다. 직급은 부서장이나 업계와 시장 상황에 대해서는 문외한(門外漢)이었다. 적자(赤子)에 익숙해 있던 회사가 신제품으로 위기를 탈출하려는 계획을 그룹 차원에서 추진되고 있었고 어려운 가시밭길을 자진해서 선택했다. 지나고 보니 전화위복(轉禍爲福)의 큰 행운이 된 것이다. 당시 코카콜라가 휩쓸던 음료 시장에 그때까지만 해도 생소한 이온 음료를 도입시키는 일이었다. 88올림픽을 앞둔 1985년이었다. 일본 오츠카(大塚)제약이 개발한 "포카리스웨트(POCARI SWEAT)를 도입해서 올림픽 붐에 편승하려는 전략이었다. 부장 직위에 있으면서도 PMM(Product Marketing Manager)을 자원해서 맡았고 승부를 걸었다. 일본 말로 제작된 매뉴얼을 거의 1년간에 걸쳐 몸소 번역하고 직원 교육도 병행했다. 따라서 생소한 음료 시장이었으나 전 사력(社力)을 기울여 새로운 시장인 이온 음료에 관한 한 업계의 독보적(獨步的) 존재로 자리매김하게 된 것이었다. 이것도 일생

지울 수 없는 일석이조(一石二鳥)의 큰 행운이었다. 일본인과 의사소통에는 별 문제가 없는 수준까지 일본 말도 하게 된 것이다. 이때부터 쓴 일기나 메모 습관은 40여 년이나 지속하고 있다. 나에게는 큰 자산이다.

초급 경영 간부인 이때는 저만 잘해서 되는 일은 거의 없고 중간 관리자 3~7명의 부하를 거느리고 맡은 단위조직을 통해서 업적을 성과로 나타내야 한다. 일터의 기둥이며 실무 책임자이다. 더 높은 직위를 맡아 성장하는 자리이니 자기 계발과 교육 훈련을 통해 부하의 능력도 육성시켜야 한다. 리더십을 발휘해야 하며 실무 책임자가 된 만큼 맡은 분야에서 두각을 나타내야 하는 막중한 책임과 의무가 있다. 특히 본부장인 나에게는 전국을 총괄하게 되니 수십 명의 중간 관리자와 20여 명의 부서장들을 컨트롤하게 되니 일을 하다가 보면 상사와 의견이 다를 수도 있고 상사와 관계가 악화할 가능성도 있다. 때로는 상사를 따르자니 부하가 울고, 부하를 챙겨주자니 상사와 동료의 관계도 서먹해질 수 있는 난처한 입장도 슬기롭게 극복해야 하는 어려움도 각오해야 한다. 따라서 경영자로 발탁되는 시점이니 업적은 물론이려니와

상하좌우 동료들과의 원활한 인간관계가 참으로 중요하다.

급속하게 변화하는 세태에 낙오(落伍)되지 않기 위해 업계와 소비자들의 행동과 구매 심리의 변화 등을 잘 파악해야 한다.

끊임없는 자기 계발은 지속되어야 하고 외부에서 실시하는 각종 세미나에 참석해서 선진 기법도 배워 안목을 넓혀야 한다.

중장년(中壯年) 50~64세 : 일로 헌신하며 미래 교육

요즘은 정년이 60세 정도이고 갈수록 연장될 가능성이 있다.

이때가 되면 고급 관리자나 부서장 또는 경영자로 인생에 있어서 정말 화양연화(花樣年華)의 시기이다. 고급 부서장이나 경영자가 되면 그 조직 내에서 소신(所信)과 신념(信念)을 펼칠 수 있다. 자기 자신뿐만 아니라 권한을 발휘하는 만큼 책임과 조직에 대한 의무도 함께 져야 한다. 경영자로서 의사 결정은 사안(事案)에 따라 조직의 흥망성쇠(興亡盛衰)가 걸린 문제인 만큼 중 차대(重且大)한 의사 결정 시에는 신중하면서 중장기 안목으로 사활(死活)을 걸어야 한다. 지나치게 신중하다 보면 기회를 놓쳐서 치열한 경쟁에 뒤처지는 우(愚)를 범하기도 한다. 대학에 설치된 최고 경영자 과정을 이수하면서 타 업종의 경영자들과 교제도 넓히고 업종 불문 정보를 바탕으로 하는 변화되는 세계 정세와 정치, 사회문제에 대한 안목(眼目)도 키워 나가야 한다. 전문 서적을 포함하여 적어도 1년에 10여 권 이상의 신간 서적을 탐독(耽讀)해야 한다. 실력이 있다고 해서 대표이사가 되거나 CEO가 되는 것도 어렵다. 사내외적으로 여러 조건들에 부합하지 않거나 비록 실적이 좋더라도 사주(社主)와 주주(株主)와의 관계도 엄청 중요하다. 정년이 60이라 하나 대부분의 경영자들은 임기까지 채우는 경우가 드문 경우가 많다. 임원(任員)을 임시직원이란 말도 그래서 나온 것이다. 임원은 어떤 경우에도 책임지고 청춘을 바쳐 일했던 직장도 언제든지 그만둘 각오로 일해야 하고 자의든 타의든 불시(不時)에 그만둘 수 있는 것이 임원이라는 자리다. 나 같은 경우도 명예와 월급쟁이들의 꿈인 최고 경영자 자리를 눈앞에 두고 만 54세에 타의로 정든 부하들과 직장을 떠나게 되었다.

평생을 규칙적으로 다니던 일터를 상실하니 생계와 부양가족 문제에 직면하게 되고 의욕이 앞선 만큼 일자리가 마련된다면 제2의 인생을 살아 보려는 의욕이 앞서게 된다. 다단계 회사는 이런 이들을 초빙이라는 미명하에 직급도 화려하게 주고 실적을 유도하는 경우가 많다. 뿐만 아니라 자금이나 동업을 하자는 제안도 여러 곳에서 청빙을 요청하는 경우가 다반사이다. 긍정적이고 적극적인 사람일수록 이런 제안에 말려들기 쉽다. 이를 노리는 사기꾼 집단들은 놀랍게도 변호사, 은행 지점장, 군 장교 출신들이 조직적으로 결합하여 기업을 사냥하는 사기꾼들에게 일평생 모은 재산을 날려 버리는 경우도 비일비재(非一非再)하게 발생한다.

이런 자들은 불황기에 더욱 기승을 부린다. 상장 회사나 제대로 된 조직에서 일한 사람들은 이들에게는 좋은 먹잇감이다. 그 어느 누구보다도 일에 있어서는 전문가라고 하지만 사기꾼 집단에게는 당할 수 없다. 유념(有念)할 것은 사기는 일면식(一面識)도 없는 사람에게 당하는 것은 극히 드물고 대게 친분이 있거나 가까운 친인척(親姻戚)에게 당하는 경우도 많다. 전문가는 꼼수나 사기가 아니라 정상적인 면에서 전문가일 따름이다. 반칙과 술수 전문의 비열한 자들에게 비하면 정도를 걸어 온 공적인 전문가는 어린애에 불과하다고 나는 생각한다. 거절할 수 없는 유혹과 미끼를 만들어 던진다. 그 달콤한 것에는 웬만한 전문가도 그 집단에게 당할 수가 없는 것이다. 조급한 심정에 의사 결정을 해서는 안 되고 충분한 시간을 가지고 금융 전문가의 도움을 받아서 다짐에 다짐을 해도 늦지 않다. 그들에게는 또 다른 연합군들이 있다. 아마추어(?)들은 중요 의사 결정 시 단계마다 최악의 경우를 가정해 보는 것도 한 가지 방법이 될 수 있다. 될 수 있으면 친지들과 많은 상의를 해서 결정해도 늦지 않다. 사기 집단들은 기업 비밀 운운하면서 미리 그물을 치니 심사숙고(深思熟考)해야 한다.

노년(老年)으로 가는 길목 65세~80세까지 :
풍요 도전과 성장의 시간

암기를 바탕으로 하던 시절은 그야말로 요원(遼遠)해졌다. 이때는 전혀 새로운 시대에 맞는 새로운 전략과 지혜(知慧)로 살아야 하는 시기가 성큼 다가왔다. 지혜는 지식(암기)을 초월하여 사리를 분별하고 AI와 ChatGPT를 동반자로 삼아 쌓아 둔 경험으로 미래를 예측하여 사물을 정확히 보고 슬기롭게 일을 처리하는 정신적 능력이다. 원하고 바라는 멋진 은퇴 생활을 준비하는 시기다.

조직에서 일하던 사람들은 당면한 환경 변화에 때로는 당황하고 실의에 빠져 생을 영위하는 데 수많은 문제들과 싸워 이겨 내야 하는 시기이다. 아직도 일할 기회는 있음을 믿고 습관 된 시간표대로 규칙적 생활을 영위해야만 한다.

　요즘은 어딜 가다라도 복지(福祉)관과 시니어 클럽에서 실시하는 악기, 운동, 미술 서예, 댄스, 시와 산문 등 다양한 취미생활(趣味生活)로 이어질 수 있고, 무료함을 달래 주는 노인 일자리도 많다. 수입은 각종 모임의 회비나 경조사에 크게 보탬이 되니 얼마나 고마운 일인가? 건강과 일자리는 일석이조(一石二鳥)의 효과라고 할 수 있다. 새로운 친구도 생긴다. 은퇴라고 하기 엔 아직도 활동할 시간은 남아 있다.

　현업에 있을 때부터 모아 놓은 추억어린 사진과 각종 세미나의 교재(敎材)들, 그리고 수십 년 동안 기록한 일기장과 메모들을 분류하고 정리하여 스토리를 만들어 자서전으로 남길 수도 있다. 본격적으로 저술하려면 매시간이 아쉽고 해야 할 일들이 너무나도 많다. 매사에 신중(愼重)하고 지혜롭게 처신해야 하는 시기이다.

　뿐만 아니라 이 시기가 되면 각종 질병에 시달리면서 병원 출입도 잦아지고 지병(持病)이 있다면 병마와 악전고투(惡戰苦鬪)하는 경우도 흔히 볼 수 있다.

아직도 남아 있는 숙제들(80대에 접어들어도)

75세를 넘긴 나이지만 계획과 작은 목표라도 세우고 독서와 일자리 등 새로운 분야에 흥미를 가진다면 호기심도 생기고 취미생활도 즐길 수 있는 시기이다. 써먹을 수 있을지도 모를 외국어를 잊지 않기 위해 복습하는 것은 두뇌 활동에도 크게 도움이 된다. 비록 하나를 외우면 둘을 잊을지라도 계속해야 한다.

  일상을 혼자 해결하는 것에도 익숙해야 하며 옷 갈아입고 양말 신는 것도 불편해진다. 다소 불편하더라도 계속해서 복지관이나 시니어 클럽에서 실시하는 다양한 일자리에 적극적으로 참여하여 하루 3시간 합계 10일 정도 출퇴근할 수도 있으니 긴장을 할 수밖에 없는 것이다. 가끔은 동년배나 선배들이 우리 곁을 떠나는 소식을 자주 듣게도 된다. 생사의 갈림길에도 당면할 경우도 생긴다. 필자도 20여 년간 치른 결정적 질병으로 사투를 벌인 1998년 10월 패혈증, 2016년 다분화성 횡문 근육종, 만 79세인 2023년 5월 화농성 척추염과 봉와직염이라는 질병은 생사를 오가는 갈림길이었다. 일생일대 위기의 순간임에도 연명하게 된 것은 본인의 삶에 대한 의지가 중요한 것도 사실이나 나 같은 경우에는 오로지 하나님의 은혜가 아니면 설명이 안 된다고 생각한다. 아직도 설정해 놓은 목표 즉 성경 100독 읽기와 5권의 저서를 쓰려는 목표를 세워 놓고 있다. 제1권 898 스토리, 제2권 『크게 성공하진 못했을지라도』 제3권인 『정상은 항상 비어있다』을 완성하고 자료 정리하여 남은 목표를 달성하고자 다짐한다. 목표를 세운 것은 나이지만 이제는 목표가 나를 이끌고 전진(前進)을 최촉(催促)하고 있다.

    "회리바람같이 지나가는 젊은 시절은 사라져도 인생의 각 단계마다 하나님의 때가 있나니" — 전도서 3:1

2-4

하늘이 내게 맡긴 일

"사명감 없이는 진정한 성공도, 지속 가능한 행복도 있을 수 없다." — 빅터 프랭클
"Those who have a 'why' to live, can bear with almost any 'how'."
— Viktor Frankl

사명(使命)이란
하늘이 나에게 부여한 직분이요, 하나님이 나에게 주신 명령이다. 사(使)란 하여금, 시키다, 좇다, 이고, 명(命)이란 목숨이고 명령의 뜻이 있으니 심오하다고 할 수 있다.

자기의 사명을 자각하고 사명에 살고 사명에 죽는 사람들을 우리는 위대한 사람으로 추앙한다.

우리는 사명을 깨닫고 제구실을 똑바로 하는 사람을 사명감이 있는 사람이라 한다.

사명자는 사명자답게 생각하고 행동한다.

학생이면 다 학생이냐? 학생다워야 학생이지!
스승이면 다 스승이냐? 스승다워야 스승이지!
기업인이면 다 기업인이냐? 기업인다워야 기업인이지!
정치인이면 다 정치인이냐? 정치인다워야 정치인이지!

스승이 스승답지 못하고,
기업인이 기업인답지 못하고 학생이 학생답지 못하고
정치인이 정치인답지 못하다면 본인은 물론
사회에 피해를 끼칠 뿐이다.

따라서 하나님을 경외(敬畏)하고
섬기며 국가와 내가 속해 있는 사회와 단체에 유익하고 도움 되려는 존재가 되려는 다짐을 해 본다.

대개 역사상 위대한 업적을 남긴 사람들은 목숨을 바쳐
최고의 사명을 감당한 사람들이다.

목민심서와 경세유표의 저자 다산 정약용(1762-1836)은 서양 문물을 받아들여 백성을 살리는 실학에 응용하여 거중기를 발명하여 수원성을 축조하였고, 귀양살이 18년을 포함 무려 500여 권의 저서를 남겼다.

역사를 빛낸 독립운동가 도산 안창호(1878-1938)는 무슨 일이든지 진심을 다해 올바르게 행동으로 옮기자는 흥사단(1932-1970)의 정신인 '무실(務實)', '역행(力行)', 그리고 '충의(忠義)'와 '용감(勇敢)'은 교육 개혁과 애국 계몽 운동가들을 통해 오늘날 우리에게 깊은 감명을 주고 있다.

이렇게 사명감을 가진 사람들을 볼 때
그들은 아름답고, 멋지고 존경스럽다.
따라서 나도 올바르고 보람 있는
목표를 새롭게 설정해서 불타는 사명감으로 여생을 마무리하자고 다짐해 본다.

"너는 말씀을 전파하라 때를 얻든지 못 얻든지 항상 힘쓰라 범사에 오래 참음과 가르침으로 경책하며 경계하며 권하라"
— 디모데후서 4:2

2-5

지혜로운 늙음의 기술

"나이를 먹는다는 것은 숫자의 증가가 아니라 지혜의 축적이다." — 벤자민 프랭클린

"An investment in knowledge pays the best interest."
— Benjamin Franklin

요즘 시니어 클럽에서 인생 책 수업과 시와 산문을 주 1회씩 수강하며 계속해서 지식을 쌓으니 재미도 있고 삶에 생동감이 생긴다. 30여 년 동안 사원에서 경영자로 근무하면서 메모하고 모은 자료들이 많다. 이 자료들은 단순히 버리기에는 너무 가치 있어 보인다. 이제 겨우 3권의 책으로 꾸며지고 있지만, 이는 전체 작업의 절반에 불과하다. 나는 마케팅과 변화하는 산업사회를 더욱 깊이 연구하기 위해 다음 학기부터 2년간 더 연구, 노력할 계획이다. 이러한 연구는 나에게 큰 보람과 만족감을 줄 것이라 확신한다. 계획대로 추진하여 지식 있고 지혜를 겸비한 모범이 되는 어른이 되고 싶다. 나이 들었다고 생각만 하고 있다면 근심 걱정이 쌓일 뿐이고,

행동으로 연결하지 않으면 후회만 남을 것이다.

  3년 전 코로나 기간 동안 서울 사이버 대학에 편입하여 2022년 54년 만에 학위를 수여받은 것은 나에게 큰 성취감을 느끼게 되었다. 이 경험을 통해 나는 계속해서 배우고 성장하는 것의 중요함을 깨달았다. 이러한 노력은 단순히 개인적인 성취가 아니라, 사회에 기여할 수 있는 기회로 변모시키면 혹자에게 도움을 주리라 확신한다.

  평범한 세일즈맨 출신으로 신화를 창조했던 대우의 고 김우중 회장은 길에 나가면 보이는 것과 굴러다니는 모든 것이 돈으로 보였다고 했다.

  어떻게 보느냐에 따라 글 쓰던 일을 꾸며 나가는 마음만 먹으면 보이는 것들이 모두가 글이 되고 일들이 될 것이다.

  모든 일들은 관점이 바뀌는 순간 크게 달라질 수 있고 일을 꾸미는 원동력으로 변화된다는 것을 암시한다.

  따라서 "은퇴하기엔 아직"이라는 생각으로, 나는 계속해서 새로운 도전을 추구해 나갈 생각이다. 나의 경험과 지식을 바탕으로 글을 쓰던 또 다른 일을 통해서 사회에 기여할 수 있는 방법을 찾고 있다. 이는 내가 지금까지 쌓아 온 모든 것을 활용하여 다른 이들에게도 도움이 될 수 있는 기회가 되도록 정성을 쏟아 부을 각오다. 나는 계속해서 배우고 성장하여 단순한 늙은이라는 이미지를 탈피하고 경험이 많아서 사회에 기여되는 어른 같은 늙은이가 되도록 힘써 전진해 나아갈 것이다.

"백발은 영화의 면류관이라 의로운 길에서 얻으리라"

— 잠언 16:31

2-6

전문가의 한계와 겸손

○ 갈샤에의 밀서

"진정한 성공은 자신이 맡은 일에 대한 사명감과 열정에서 나온다." — 빈스 롬바르디
"The real glory is being knocked to your knees and then coming back. That's real glory." — Vince Lombardi

머리말

"당신은 무엇 때문에 직장에 나가고 있는가?" 하고 물으면 많은 샐러리맨은 '생활을 위하여'라고 대답할 것이다. '직업을 자기의 천직으로 믿고 매일 근무에 사명감을 가지고 있는 샐러리맨은 과연 몇 명이나 있을까?'

'생활을 위하여'라는 것은 결코 부정해야 할 것은 아니다. 그러나

샐러리맨으로서 크게 성공하는 사람들을 보면 예외 없이 그 직업을 자기에게 행복을 가져다준다는 사명감에 불타고 있었다는 것을 알 수 있다.

사명감을 가지면서 직장생활을 바르게 할 때 받침대가 생기고, 열의가 생기며, 적극성이 주어지는 것이다. 그들은 생활을 위하여 마지못해 직장에 출근하는 한낱 월급쟁이로서 그날그날 시간만 채워 주는 것으로 그치고 경영자와 운명을 같이하려는 결의가 없었던 그러한 사람들과는 근본적으로 생각이 달랐던 것이다.

모든 기업이 모두 다 성공하지는 못한다. 성공하는 경우보다도 도리어 실패하는 경우가 더욱 많을 것이다.

기업을 살리느냐 죽이느냐 하는 것은 그 기업을 움직이는 사람에 달려 있다. 치열한 경쟁에 이겨 나가며 나날이 달라지는 상황에 맞추어 남보다 앞서기 위해서는 행정학도 필요하고 경영학도 연구되어야 하지만, 그것은 결코 경영주 혼자만의 노력으로서는 되지 않는다. 밤낮으로 애쓰는 경영주와 합심하여 맡은 임무에 창의와 성의를 가지고 일하는 많은 직원이 아쉬운 것이다.

금세기 잡지 출판사를 경영하고 있던 '앨버트 허버트'는 세상 사람들이 이 사명감―열의와 적극성―을 잃어버리고 있는 데 대하여 오랫동안 울분을 품어 오던 중 어느 날 자기 마음속에 간직하고 있던 것을 짧은 문장으로 만들어 이것을 자기가 출판하고 있는 잡지에 게재하였다.

'허버트'는 이 글을 단숨에 써 버렸다고 하는데 섬광처럼 솟아른 이 기사는 일대 센세이션을 일으켰다.

이 기사의 사본을 보내 달라는 주문이 아메리카 도처에서 쇄도하였다. 100부, 1000부, 1만 부 그리고 뉴욕의 '센트럴 철도회사'에서는 전 종업원에게 읽히기 위하여 10만 부를 전보로 주문해 왔다.

이 밖의 많은 회사들도 마찬가지였다. 1940년부터 5년간에 걸친 2차 대전 때 러시아 육군은 러시아 병사 전원에게 1부씩을 나누어 주었다. 미국 해군 사관학교에서도 사관생도들을 위해 인쇄시켰다.

오늘날에 이르기까지 이 문장은 30여 개 국어로 번역되어 1억 부 이상이나 인쇄되었다. 세계 기록인 것이다. 책이라기에는 너무나 짧은 이 이야기 그것은 '갈샤에의 밀서'라는 문장이다.

"대관절 이 문장의 매력은 어디에 있는 것일까?"

이 수수께끼를 풀기 위하여 다음에 짧은 글을 소개한다.

이 문장이 발표된 지 이미 반세기 이상의 세월이 흘렀다. 오늘날의 당신은 이것을 어떻게 받아들일 것인가?

갈샤에의 밀서

쿠바 사건을 통하여 찬란히 반짝이는 샛별과도 같이 나의 기억의 수평선에 버티고 서있는 한 사나이가 있다.

스페인과 미국 사이에 전쟁이 벌어졌을 때 게릴라 부대의 지휘자에게 급히 연락을 해야 할 중대한 문제가 생겼었다. 지휘자인 '갈샤'는 쿠바의 산중에 있는 어느 요새에 숨어 있었지만 그곳이 어디인지 아무도 몰랐다.

우편이건 전보건 그에게 전달할 수 있는 통신 방법이라곤 없었다. 그러나 미국의 '맥킨레이' 대통령은 그의 협력을 신속하게 확보해야만 했다.

"어떻게 하면 좋을까?"

누군가가 대통령에게 진언을 했다.

"로완이라는 자가 있습니다. 그 자가 갈샤를 찾아 밀서를 전할 것입니다."

'로완' 중위가 불려 나와 '갈샤'에게 보내는 밀서가 수교되었다.

그로부터 '로완'이라는 이 청년 장교가 어떻게 하여 그 밀서를 받아 가지고 봉투에 넣어 밀봉을 한 뒤 그것을 가슴에 품고 며칠을 걸려 통나무배를 저어서 쿠바에 다다라 야음을 틈타 상륙을 한 뒤 정글 속을 헤쳐 몇 주일 동안이나 적진을 찾아 헤매다가 '갈샤' 장군을 찾아내어 그 밀서를 전달했는가 따위의 이야기를 자세히 말하고 싶지는 않다.

강조하고 싶은 것은 다음과 같은 것이다.

'맥킨레이' 대통령이 '로완' 중위에게 밀서를 수교했을 때 '로완'은 그 밀서를 받으면서 "대통령 각하! 갈샤 장군은 지금 어디 있습니까?"라고 묻지 않았다는 점이다.

젊은이들로 하여금 직업에 충실하고 성실하게 하며 민첩하게 행동하게 하고, 그 정열을 집중케 하여 '갈샤'에게 밀서를 전달할 수 있도록 하기 위하여는 책으로 배운 숱한 지식이 대단한 것은 아니다.

절실히 필요한 것은 솔선하여 난국에 부딪칠 굳은 정신인 것이다.

'갈샤' 장군은 죽고 없다. 하지만 오늘날 다른 '갈샤' 장군이 수없이 많이 있다.

기업을 성공시키기 위해서는 많은 사람의 조력이 필요하지만, 이 경우에는 인간의 약점, 즉 어떤 일에 정신을 집중하고 그것을 실행할 수 있는 능력을 갖지 못했거나 아니면 스스로 일에 달려들 의지가 없다든지 하는 따위의 인간의 약점에 크게 실망하는 수가 너무도 많다.

흐리멍텅한 조력, 어처구니없는 태만, 구질구질한 무관심, 무성의—이런 일들이 우리의 직장에 너무도 많다.

이 글을 읽고 당신도 시험 삼아 해 보라.

당신은 지금 당신 사무실에 앉아 있는 부하 직원 중의 한 사람을 불러 다음과 같이 명령해 보라. "백과사전을 찾아 '콜렛지오'의 생애에 대한 간단한 메모를 해 오게."

"예."

하고 그 사무원은 그 일에 착수할 것인가? 천만의 말씀! 그 사무원은 동태처럼 흐린 눈으로 당신을 바라보고는 다음과 같은 질문을 두서넛 할 것이 분명하다.

"그 사람은 누구였던가요?"

"어느 백과사전 말입니까?"

"백과사전은 어디에 있습니까?"

"그런 일은 저의 소관 사무가 아닌데요."

"비스마르크 말인가요?"

"김 군에게 시켜 주시면 어떻겠습니까?"

"그 사람은 현재 생존하고 있지 않은 사람입니까?"

"급히 필요하십니까?"

"사전을 갖다 올리겠으니 직접 찾아보시겠어요?"

"무엇에 필요하십니까?"

내기를 해도 좋다. 그것을 찾는 방법을 묻고, 왜 당신이 그것을 필요로 하는가를 묻고 난 뒤에 그 직원은 당신 옆을 떠나 저쪽으로 가서 다른 직원 하나를 잡고 '콜렛지오'를 찾아내는 심부름을 시키려고 할 것이다. 그리고 나서 당신에게 와서

"그런 사람을 찾아낼 수 없습니다."

하고 보고할 것이다.

어쩌면 나의 내기는 지는 경우가 있을지도 모르지만 평균율에 따르면 나는 지지 않을 자신이 있다. 사람에 따라서는 그래도 귀찮게 여기지 않고 사전을 찾아 볼는지도 모른다.

'그런데 이러한 독립심의 결여, 도덕적 백치, 의지 박약은 도대체 어디서 온 것일까? 이런 사람이 '갈샤'에게 편지를 전하는 일을 어떻게 감당할 수 있을 것인가?'

"저기 있는 저 친구가 우리 서무계 직원입니다."

하고 어느 큰 공장의 공장장이 나에게 말했다.

"그래요? 그가 어떻습니까?"

"저 친구는 서무계 직원으로서는 나무랄 데가 없죠. 그를 시내에 심부름을 보낸다면 그는 그 일을 잘 하겠지요. 그런데 말입니다. 돌아오는 길에 술집을 서너 군데 들렀다가 오노라면 큰 길에 다 왔을 때는 자기가 무슨 심부름을 왔는지조차 잊고 있는걸요."

그런 인간이 신임을 받고 '갈샤'에게 편지를 가지고 갈 수 있을 것인가?

요즈음 소위 수탈당하고 있는 노동자나 직장을 잃고 방랑하는 룸펜에 대하여 보내어지는 감상적인 동정의 말을 많이 듣는다. 동시에 권력을 가진 사람에 대하여는 심한 비판의 말을 흔히들 한다.

그러나 그 반면 큰 뜻을 품은 채 햇볕을 보지 못한 경영주들과 그들이 쓸모없는 고용자들에게 지불한 오래고 끈질긴 희생에 대해서는 일언반구도 언급을 하지 않는 것이다.

모든 상점이나 공장에서는 신진대사가 끊임없이 이루어지고 있다.

시대가 각박하고 일거리가 딸릴 때는 그 신구 교체는 한 층 더 두드러지게 이루어진다. 적자생존인 것이다. 이익추구의 법칙이 모든 경영주로 하여금 자기의 가장 훌륭한 사용인을—갈샤에게 밀서를 전달할 수 있는 사람을—확보하도록 하는 것이다.

아주 뛰어난 재능을 가지고 있는데도 불구하고 자기가 맡은 일을 수행하는 데는 성실성이 없기 때문에 아무런 쓸모없는 사람이 되어 버린 인간들을 나는 수없이 보아 왔다. 이런 사람은 자기의 고용주가 자기를 압박하고 있다느니, 압박하려고 생각하고 있다느니 하는 따위의 망상을 지니고 있다.

이런 사람에게는 명령을 할 수도 없고 또 명령을 받는다면 그의 대답은 보나마나이다.

"당신이 다녀오구려."

오늘 밤도 이런 사나이는 직장을 구하며 거리를 헤매고 있다. 바람이 그의 닳고 닳아서 찢어진 옷을 사정없이 불어 재낀다.

그러나 이를 아는 사람은 아무도 그를 채용하려고 하지 않는다. 왜냐하면 그는 언제나 불평, 불만에 불을 지르는 자이기 때문이다.

물론 지나치게 도덕적으로 기형화한 인간은 육체적인 불구자와 마찬가지로 동정을 받을 만하다는 것을 나는 알고 있다. 하지만 '왜 우리는 자나깨나 큰 사업을 이룩해 보려고 노력하고 있는 경영주를 위해서 동정의 눈물 한 방울 흘리지 않는가?'

'나는 이 문제를 너무 무자비하게 말한 것일까?'

하지만 나는 세상이 온통 빈민에 대한 동정에 빠져 버린 오늘날 나만이라도 성공한 사람에게 동정의 한마디를 던지고 싶은 것이다.

나 자신도 한때는 도시락을 싸 가지고 다니던 월급쟁이였고 또 고용주가 되어 보기도 했으므로 쌍방에 제각기 할 말이 있다는 것은 알고 있다.

빈곤이란 바람직한 것이 아니며 누더기 옷은 장려할 바도 못된다.

그리고 가난뱅이라고 해서 다 선량하지는 않은 것과 마찬가지로 모든 경영주가 다 탐욕스럽고 고압적인 것은 아니다.

나의 마음은 윗사람이 없을 때나 있을 때나 자기의 일에 전념하는 사람에게 이끌린다. 그리고 '갈샤'에의 편지가 주어졌을 때 귀찮은 질문 따위를 하지 않고 또, 그 편지가 부근의 하수도나 어디에다 버리지도 않고, 용감히 그것을 받아 가지고 가는 그런 사람에게 이끌린다.

문명이란 이런 사람들을 찾는 길고 험준한 탐색인 것이다.

이런 사람들이 구하는 것은 무엇이든 성취될 것이다.

모든 지방에서, 모든 회사에서, 상점, 공장에서 그럼 사람을 구하고 있다.

세상이 그를 찾고 있는 것이다.

"충성되고 지혜 있는 종이 되어 주인에게 그 집 사람들을 맡아 때를 따라 양식을 나누어 줄 자가 누구냐" ― 마태복음 24:45

출처:『일등이 되고싶은 사람만이 일등이 된다』, 권오근, (주) 해냄출판사 (1994. 12. 10.)

3장

관계의 정상도 비어있다

더 많이 가지려 할수록 멀어진다

3-1

정(情), 끊을 수도 없는 그 끈

정(情)은 참으로 소중한 것
그것은 마음과 마음을 이어 주는 끈
사랑과 때로는 미움 그리고 그리움의
언어가 되지
한 번 맺어지면 끊을 수도 없는
때로는 사랑과 그 미움까지도
그리움으로 변해 가는 정(情)

내 마음의 안식처 그리움을 자아내는
정(情)의 대명사 어머니
삶의 향기가 되어
보이진 않지만 느낄 수는 있어
그것은 마치 숨결처럼 내 맘속에 존재하는
따스한 햇살처럼 내 가슴을 감싸 주고
서늘한 그늘처럼 내 맘을 지켜 주는 정(情)

제아무리 잘났으면 뭘 해
정(情)이 없는데
제아무리 똑똑하면 뭘 해
정이 없는데
제아무리 멋지면 뭘 해
정이 없는데

인간관계는 정을 주고받고
정에 웃고 정에 울고
사랑도 만들고 미움도 만들고

정(情)은 때로는 아픔을 주기도 하지만
정(情)은 우리를 성장시키고 강인하게
만들기도 하지만
그리움과 기다림으로 우리를 힘들게
만들기도 하지만
수많은 사연에 때로는 좌절하고
때로는 희망과 그리움을 더해 주는 그 정(情)
그 정은 우리를 기다림과 무지개 같은
꿈과 희망도 안겨 주지
정(情)은 그래서 더욱 소중한 것
정(情)한 번 맺어지면 끊을 수도 없는

그리움으로 변해 가는 그 정(情)

우리는 그 정(情)을 간직하고
서로를 아끼며 살아가야 해
거리(距離)의 원근(遠近)에도
우리를 위로하고
우리 삶을 더욱 풍요롭게 만들어 주는 그 정(情)은
러시아 시인 푸시킨의 글을 원용하면
정은 머리로 이해할 수 없다
정은 말로 설명할 수도 없다
정은 가슴으로 느낄 수 있을 따름이다
정은 마음으로 느끼는
오작교(烏鵲橋)가 되고 고가도로(高架道路)가 되지

3-2

33년을 함께한 친구들

"좋은 친구를 얻는 것은 인생의 가장 큰 축복이다."
– 아리스토텔레스
"A friend to all is a friend to none." – Aristotle

유유상종(類類相從)이란 말을 써 본 지도 한참 되었다.

이런저런 인연과 취미 등 이해관계가 같을 경우 끼리끼리 정기적으로 자주 만나서 어울려 인간관계를 형성하는 것을 두고 말한다.

오래된 모임 순서로 든다면

1. 오우회(五友會)

오우회(五友會)는 1992년에 결성된 소규모(小規模) 모임이다. 다섯 명으로 이루어져 있으며 형 아우로 호칭한다. 현역 시절 음료업계 임원 위주로 조직되었다. 권형석 씨가 두산 계열사 사장 시절 음료업계 관계자들을 초청하여 유럽 5개국을 방문한 인연으로 결성되었다. 참가한 십수 명 중 임원급 5명만 따로 모여 자주 만나다 보니 자연스레 오우회(五友會)란 명칭이 붙여진 것이다. 나이순으로 당시 롯데의 김영기, 해태음료의 안고동, 두산의 권형석과 신양우,

알프스 산장에서 오우회 멤버와 그 일행

동아오츠카 본인이다. 금년으로 33년간 희로애락을 함께한 형제와 같은 끈끈한 관계를 유지하고 있는 모임이다. 맏형 김영기 님은 1933년생(93세)으로 현재도 강남 노인회 회장으로 봉사하고 있으며, 안고동 님은 1942년생, 권형석 님은 1943년생, 본인은 1944년생이고 막내 격인 신양우 님은 1951년생으로 현역 시절 모두가 각 사의 최고 경영자로 분기별로 모임을 가졌다. 수년 전부터는 특별한 경우를 제외하고는 연 2-3회 교통이 편리한 논현동 고향 집에서 정기적으로 모임을 갖고 있다.

2. 우성회

1998년 7명으로 발족한 우성회(友星會)는 자격이 동아소시오(SOCIO) 그룹의 임원 출신으로 현재 78명으로 27년 된 모임이다. 초창기부터 5년 전까지는 매월 모였으나 회원 규모도 커지고 모임 장소도 마땅치 않고 규모도 커지니 2개월에 한 번 모였으나 세대 차도 나고 하여 이달부터 주니어와 시니어 모임으로 바꿨고 춘계, 추계 야유회와 총회 등 연 5회 전체 모임으로 계획하고 있다. 기금도 3천만 원 정도 정기 예금으로 적립되어 있다. 연회비는 출생연도 기준으로 2분화하여 금액으로 차등이 있으나 지난달 670만 원과 경조사가 있을 때마다 수시 찬조금 명목으로 연 수백만 원 정도 기부받으니 그런대로 재정 면에서는 자립되어 있다는 생각이 든다. 또한 역사기행(歷史紀行)의 동아리 모임이 활성화되어 매월 1회 지원자에

한해 참가하며 지난 4월로 110회의 행사를 치렀다. 유익한 모임으로 확고하게 자리를 잡았고 기회 있으면 해외 탐방도 검토 중이다.

3. ROTC 6기 신우회

대한민국 ROTC 기독 장교 연합회는 창립, 발기를 주도한 6기생 10명이 6개월의 기도회를 거쳐 2006년 6월 8일 약 200여 명이 모여 1회 창립 예배를 드림으로 힘찬 출발을 했다. 내년이면 창립 20주년이 되는 모임이다. 1기생이 1962년 임관했으며 금년 62기가 임관 약 24만 명의 장교를 배출했다. 조국간성의 자부심도 갖고 있다. 그중 기독 신자가 몇 명인지 알 수도 없으니 정회원 수도 파악하기 쉽지 않다. 기독교의 정체성과 군의 복음화를 주도한다는 뚜렷한 목표 의식을 갖고 있다. 하부 조직으로 각 기별 신우회가 결성되어 있고, 서울, 부산, 대구, 인천, 대전, 미국 LA와 NY 등에 지회가 결성되어 있다. 한국 교계를 활성화하는 중심 세력으로 발전시켜야 하는 사명감을 가지고 결성된 만큼 할 일이 너무나 많다. 창립을 주도한 6기는 현재 57명이 회원으로 등록되어 있으며, 매월 30여 명이 모여 월례 예배를 드린다.

영락교회 조찬예배를 마치고

4. R 왕년 멤버 모임

이 모임은 1968년에 임관한 121 학군단 간부 출신 모임이다. 7명이 회원이며 그 시절 패기가 하늘 찌르던 기개(氣槪)를 가졌던 형제 같은 사이들이다. 대구와 서울을 오가며 정담을 나누면서 서로 격려하고 돌아가며 HOST를 하고 있다. 2개월에 한 번씩 만나게 되면 그야말로 재미있고 즐거운 시간을 갖는다. 전 세아산업 창업자인 김태영 회장, 전 대구·경북 전기협회 회장을 역임한 송희장 회장, 전 신일조명 이동건 회장, 전 세림산업 이무웅 대표, 김성섭 전 유한 크락소 사장, 권휘명은 전 DIS 보석 대표를 지냈고 아직도 모이면 건장하고 활기(活氣)차서 할배들이라 하기에는 너무나 젊다.

"친구는 모든 때에 사랑하나니 형제는 위급한 때를 위하여 났느니라" — 잠언 17:17

경북 군위 소재 김태영 회장 정원 2025년 5월

3-3

변해 가는 인간관계의 풍경

"기술은 단지 도구일 뿐이다. 아이들을 함께 모으고 동기를 부여하는 데 있어서는 선생님이 가장 중요하다." - 빌 게이츠
"Technology is just a tool. In terms of getting the kids working together and motivating them, the teacher is the most important."
- Bill Gates

불과 수년 전까지만 해도 관혼상제(冠婚喪祭) 시 많은 사람이 참석하여 눈도장 찍고 방명록에 서명했다. 결혼식장 장례식장 손님이 적으면 혼주나 축하객이 생각할 때 대인관계나 사회생활에 소홀했던 것 아닌가?라고 느낄 수밖에 없었다.

또한, 10여 년 전까지만 하더라도 병원에 입원하게 되면 단체로 병실을 방문하여 기도하고 위로하는 경우를 흔히 볼 수 있었다. 그뿐만 아니라 친목이나 동아리 모임도 예전 같지 않고, 회원들의 참석률이 급감한다고 모임마다 주최 측이 염려하는 분위기를 느낄 수 있다.

청 테이프에서 포스트잇 관계로

과거의 인간관계와 같이 끈끈하고 밀착하는 청 테이프 관계였다면 인제는 포스트잇(Post-it) 관계와 같다고나 할까? 최신 과학과 기술을 다루는 유료(有料) 세미나가 무료로 전환해도 빈자리가 많아지고 있다. 이런 모임을 통해서 관계자끼리 친목을 쌓고 인간관계를 맺을 수 있다.

유튜브나 방송 채널의 급증으로 얼마 전 유명 영화관도 문을 닫고 업종을 바꾸는 지경까지 이르고 있었다.

디지털 시대의 새로운 소통 방식

이처럼 이제는 모든 것이 지각변동을 일으키고 있다. 청첩장이나 행사를 알리는 것도 이제는 카톡으로 알리고 동시에 이체하는 계좌 번호도 함께 올린다. 주차 문제와 오가는 교통편의 번거로움에서도 벗어나는 것이다.

현대인은 말하자면 혼자 있고 싶기도 하겠지만 혼자가 아니라 더불어 지낼 수밖에 없다. 이제는 혼자서 즐길 수 있는 방법도 점점 많아지고 있다. 전화보다도 텍스트로 대화하고 상대가 있어야 즐기던 바둑, 장기며 심지어 골프까지도 스크린으로 즐길 수 있으니 승패는 물론 분위기도 현장에 있는 것과 크게 다르지 않다. 조, 중, 동으로 여론을 만들어 가던 매체들의 자리를 현장감 있는 유튜브가 대신한다. 매체 광고도 유튜브에 밀린 지 오래됐다.

AI와 메타버스 시대의 인간관계

그뿐만 아니라 AI와 메타버스 등장으로 AR(Augmented Reality : 증강현실), VR(Virtual Reality : 가상현실), XR(eXtended Reality : 혼합현실)에서 가상의 아바타를 만들어 아바타끼리 대화를 나누는 시기도 코앞에 와 있다.

인간관계도 외로움과 귀찮음 사이에서 방황한다. 친구를 줄이더라도 별문제 없고, 의약 분야나 양로원도 상당 부분을 로봇으로 대체될 것이고, 반려동물이 친구나 가족으로 대체되어 가고 있다. 우리의 인간관계는 점점 소멸해 가고 새롭게 형성되어 가는 미래 사회의 문턱에 와 있다.

"사람이 혼자 있는 것이 좋지 아니하니 내가 그를 위하여 돕는 배필을 지으리라" — 창세기 2:18

3-4

어머니, 영원히 채워지지 않는 자리

"어머니의 사랑은 이 세상에서 가장 아름다운 것이다."
– 조지 엘리엇

"A mother's love is the closest thing to God's love on earth."
– George Eliot

　2016년 5월 4일 (목) 오전 10시경 양서면 사무소에서 어머니를 찾는 전화를 받았다. "배선주 씨, 내일 어디 가지 마시고, 꼭 집에 계셔야 합니다."라고 했다. 경로 행사로 카네이션을 달아 드리고, 떡도 전달하겠다는 내용이었다. 작년 이맘때 돌아가셨다고 말하고 나니 가슴이 울컥하고 어머니 생각에 그리운 정이 한없이 밀려왔다.

　2015년 5월 7일 그 새벽, 천지가 무너지고 만물이 숨을 멈추던 그 새벽을 회상하면서, 견딜 수 없는 그리움에 어머니가 즐겨 부르시던 〈내 고향〉이란 노래를 듣고, 또 들으면서 흐르는 눈물을 주체할 수 없었다.

어머니가 즐겨 부르시던 <내 고향>

"음악은 영혼의 언어다." - 베토벤
"Music is the language of the spirit." - Ludwig van Beethoven

"영 끝에 구름 돌고 구름 끝에 해가 져서
진달래 얼싸안고 고향 길을 돌아오니
연자방아 도는구나 연자방아 도는구나.
어머니 치마폭에 어머니 치마폭에 인사 없이 안겼네.

손잡고 웃는 얼굴 기쁜 눈물 적시면서
내 아들 잘 왔느냐 눈으로만 말씀할 때
가슴만이 뛰는구나 가슴만이 뛰는구나.
어머님 머리 위에 어머님 머리 위에 꽃 하나를 꽂았네.

등잔에 불을 켜니 내 책상이 여전하다.
씀바귀 나물무침 저녁상을 받고 보니
눈시울이 뜨겁구나 눈시울이 뜨겁구나.
행복에 목이 메어 행복에 목이 메어
물을 먼저 마셨네."

이 노래로 주위 사람들을 울리시고, 재창 삼창을 받으시던 어머니의 모습이 눈에 선해진다.

다시는 들을 수 없는 내 어머니가 즐겨 부르시던 〈내 고향〉을 어머니가 쓰시던 그 방 그 자리에서 부르고 또 불러 보았다.

생전에 혼자서는 동네를 벗어나 낯선 곳 가시기를 그렇게도 싫어하시던 내 어머니, 천국 가시는 길은 제대로 찾아가실까? 걱정하면 아내가 나를 나무란다. 하늘나라는 천사가 인도하니 쓸데없는 걱정 한다고 핀잔을 준다. '나도 곧 뒤따라가서 어머니 모시고 못다한 효도 하면서 영원히 행복을 누려야지' 하는 생각이 가끔은 든다. 70여 년을 같이 사는 동안 "어머니 사랑해요."란 말을 한 번도 하지 못한 것이 이렇게 여한이 될 줄을 상상인들 했겠는가?

추억 속의 어머니

"기억은 마음의 보물창고다." – 토마스 풀러
"Memory is the treasury and guardian of all things."
– Thomas Fuller

정성을 모아 보관해 두시던 앨범을 찾아보니 76년 전 그렇게도 미인이시던 그분의 뱃속에 내가 자라고 있었다고 생각이 미치자 내 일생에 가장 안전하고 근심, 걱정이라곤 전혀 없었던 시절이었겠지? 하고 상상도 해 보았다. 다시 기억을 더듬어 어머니와의 마지막 날들을 회상해 본다.

어머니의 마지막 날들

"사랑하는 사람을 잃는다는 것은 슬픔이 아니라 특권이다."
- 톨스토이
"To love and win is the best thing. To love and lose, the next best." - Leo Tolstoy

2015년 5월 초순 어머니의 건강이 갑자기 나빠지셨다. 음력 3월 14일은 어머니의 90세 졸수연(卒壽宴)을 고향에서 모시기로 합의가 되어서 4월 하순께 대구로 가셨다. 처음 며칠간은 전화로 기분 좋아하시더니 5월 3일경 급거 귀가하시겠다고 해서 오셨는데 건강 상태가 크게 악화하셨음을 직감할 수 있었다. 눈앞이 캄캄해 왔다. 하지만 워낙 건강하신 분이라서 자고 나면 괜찮으시겠지 하고 예의 주시하고 있었으나 심상치 않아서 늘 건강 검진 받으시던 구리 H대 병원에 모시려 하자 극구 사양하셨다. 병원 가시기를 그렇게도 싫어하셨다.

대구에서 오신 뒤로 밤잠도 설치시고, 숨이 차서 답답해하신다. 어머니는 답답하다는 것을 아프다고 표현하신다. 지금도 아프다고 하시면서 신음하신다. 평소에 정기 검진을 받는 H 대학병원 담당 의사 선생님에게 상의했으나 노쇠하신 연세 때문에 답답해하시는 것은 어쩔 수 없다고 했다. 대신 답답해 드릴 수가 없으니 내가 불효자임이 틀림없다. 평소 식욕도 왕성하시던 분이 대구서 오신 뒤로는 끼니도 걸으시고 해서 돌아가시기 전날 참기름을 잔뜩 넣어서 해 드린 김치볶음밥을 맛있다고 하시면서 드신 그 한 그릇이 이 세상에서의 마지막 식사 대접이 될 줄이야.

어머니가 앉아 식사하시던 그 자리를 보며 상념(想念)에 젖어 시간 가는 줄도 몰랐다.

"네 부모를 공경하라 이것은 약속이 있는 첫 계명이니 이로써 네가 잘되고 땅에서 장수하리라" — 에베소서 6:2-3

3-5

아버지의 묵묵한 사랑

"아버지의 사랑은 강처럼 깊고 산처럼 높다." – 셰익스피어
"It is a wise father that knows his own child."
 – William Shakespeare

춘래불사춘(春來不似春)이란 말이 있다.
봄이 왔으나 아직도 봄기운 느끼기엔 쌀쌀한 날씨로
봄 같지가 않다는 말이다.

대구 사는 78세, 74세의 여동생 영숙이와 영희가 가끔
이런 저런 질환으로 입원해서 치료받고 있습니다.
건강하고 행복하게 살아야 할 가련한 나의 아우들에게
천국에 계신 아버지 어머니시여
저희들을 긍휼(矜恤)히 여기시고 불쌍히 여기셔서
하나님께 치유의 은혜 베풀어 주실 것을 기도로 간구(懇求)해 주
시기를 두 손 모아 간절히 원합니다.

스산한 추위에 건강이 좋지 않은 동생들의 병 소식 들으니
아버지의 애틋한 그 심정을 헤아려 보며
흐르는 눈물을 주체할 수 없어 이렇게 하소연해 봅니다.

아버지의 삶

"가난은 부끄러운 것이 아니다. 부끄러운 것은 가난을 이기려 하지 않는 것이다." - 링컨

"My father didn't tell me how to live; he lived, and let me watch him do it." - Clarence Budington Kelland

아버지께서는
일제 강점기인 1919년에 태어나셔서
그 어렵고 힘들었던 청년 시절을
모질게도 가난했던 그때
18세의 어머니를 만나셔서
농촌 소도시에 사시면서 부모님을 공양하셨고
저를 포함 우리 6남매를 키우셨지요.
물려받은 기술도 농사지을 땅마저도 전무했던 집안에서
민둥산을 일궈서 밭을 만드셨고
일거리가 있는 곳이라면 온갖 잡일을 마다하지 않으신
나의 아버지, 어머니!

지역 특산물 고추, 마늘 등 소상(小商)인으로서
식구들을 부양하셨습니다.

교육에 대한 열정

"교육은 미래를 위한 가장 좋은 투자다." - 벤자민 프랭클린
"An investment in knowledge pays the best interest."
- Benjamin Franklin

생활력 강하신 어머니와 함께
못 배우신 한을 맏이인 저와 자녀들에게
그 정성을 쏟아 부으셨지요.
대학 다니는 아들 두신 것은 아버지뿐이라고
읍내의 친구들로부터 부러움을 받고 그렇게도 흐뭇해하시던 나의 아버지.
겉으로 자식들에게는 엄격하셨으나
정의, 청빈, 절약 정신으로 솔선수범하셨고 때로는 잔정(情)도 많으셨던 나의 아버지.

아버지의 눈물

"눈물은 마음의 언어다." – 파스칼

"Tears are the silent language of grief." – Voltaire

모처럼 집에 오면 잠자리에서
저희들을 재워 주시면서
좀 더 잘 입히고 좀 더 잘 먹여 주시지 못해
그 아쉬움에 돌아누워 눈물 흘리시던 나의 아버지!
저는 그 눈물을 몇 번이나 보고 가슴 깊이 새겨 두었습니다.
오늘도 한없이 정 많으셨던 아버지를 그리면서
행복했던 그 시절을 회상해 봅니다.

-2024년 어느 봄날-

… 3-6

그리움과 눈물 사이에서

○ **눈물이 그리움인가?**
그리움이 눈물인가?

1. 그리운 학창시절

눈물이 그리움인가?
그리움이 눈물인가?

그리움이란 끝없이 흐르는 크로노스 세월 속에
다시는 되돌아갈 수 없는 그 시절이며
눈물이란 희로애락(喜怒哀樂) 인생사를 겪으며
시도 때도 없이 반복될 수도 있는 것.
눈물 없이는 부를 수 없는 노래가 있다.
초등학교 졸업식에서 부른 노래

빛나는 졸업장을 타신 언니께…
재학생이 부르는 1절이
시작과 동시에 눈시울이 붉어진다.
졸업생이 부르는 2절은 잘 있거라 아우들아
정든 교실아
선생님 저희들은 물러갑니다.
눈물범벅이 되어
구절구절 연결이 끊어지고…
합창하는 3절은 재학생 졸업생이 울고
참석한 학부모와 임석한 선생님들도 눈시울이 붉어지는 이 졸업식은
눈물범벅된 행사로 이어졌지.
이 모든 장면은 그리움 그 자체다.
티 없이 순수했던 눈물이었다.

지나간 그리운 시절을 생각해 본다.
초등학교, 중학교, 고등학교, 대학교 교가를
꿈과 희망 속에 부른 노래였건만
지금 되돌아보니
그 역시 가슴 깊음 속에는 눈물 깃들인 사연들이 많은 것을
그 많은 입학식과 졸업식에도 눈물은 숨어 있네.

2. 떠나온 고향

추석이나 설 명절 돌아와도 온갖 형편으로
가지 못하는 고향
타향이나 타국 또는 병상에서
내 고향 내 나라가 눈에 어른거리고 서리는데
그리운 부모, 형제가 있어도 갈 수 없는 고향.
직장 없고 돈 없어 못 가는 고향이라면
배(倍)가 되는 서러움과 슬픔이
밝은 달이나 그리움에 절로 흘리는 눈물은
그리움이 눈물인지 눈물이 그리움인지.

부모님 슬하에서 행복했던 시절도
부모님의 사랑을 누가 설명할 수 있으랴.
정성 없는 자식 사랑이란 세상 그 어디에도 없다.
형제자매들과의 애틋했던 그때도
기쁨도 감격도 슬픔도 정성도 모두가 눈물뿐이네.
정들고 사랑했고 아쉬움이 클수록 눈물이 많음을 어쩌랴.
기쁨도 눈물이 되고 슬픔은 더더욱 깊은 눈물을 자아낸다.
그리움이 눈물인지 눈물이 그리움인지
눈물 없이는 부를 수 없는 노래 중
어머니를 그리는 애틋한 노래가 있지.

나 어릴 때 큰 꿈을 안고
어머님 모습 뒤로 서울 가는
기차 타고 고향을 떠나왔네.
내 아들아 내 딸들아 잘 살아다오.
부모 걱정하지 말고 큰 꿈을 펼쳐라.
어머님의 그 말씀이
지금도 귓전에 맴도네.
추석이 되고 설날이
오면 보고 싶은 어머니.

자나 깨나 자식 걱정에 한평생
살아오신 그 모습이
애처로워 밤새워 울었소.
내 아들아 내 딸들아 잘 살아다오.
부모 걱정하지 말고 건강해다오.
어머님의 그 말씀이
지금도 귓전에 맴도네.
어버이날 돌아와도
꽃 한 송이 전할 길 없네.

3. 익숙했던 것과 헤어짐

필드를 지배하던 프로 축구와 야구선수는 물론
코트를 지배했던 테니스, 농구, 배구
금메달로 국위를 선양했던 양궁 선수
찔러도 피 한 방울 날 것 같지 않던 세찬 기백의 그들도
사랑했던 팬들과 관중을 향해 손을 흔들면서 떠나갈 때
울먹이며 흐느끼며 흐르는 것은 눈물인가 그리움인가?
환호와 박수로 국민을 울리고 웃음과 기쁨 주던
연예인이나 가수가 은퇴 공연을 하면서
마지막 무대를 장식하고
못내 아쉬워하면서 목이 메어
인사말도 제대로 이어 가지 못하는
그들이 흘리는 것은
눈물인가 그리움인가?
그리움이 눈물인가?
이제 인생 80 되니 타인의 슬픔이 내 슬픔이 되고
하찮은 일에도 눈물이 앞설 때가 많아진다.
오늘의 희로애락도 내일이면 그리움으로 변한다.
때론 미움이 변하여 그리움 될 때도 있다.
그리움이 변하여 미워질 때도 있다는 것이 내 마음인가.
미움이 변하여 사무치는 그리움 될 때도

사랑하던 마음이 변하여 미움 될 때도 있네.
도대체 진짜 내 마음이 무엇인지
그리움인지 글썽이는 눈물인지
내 마음의 정체가 무엇일까?
내 마음 나도 몰라.

4. 사랑 미움 그리고 눈물

아무리 생각해도
사랑, 미움, 그리움과 눈물이 한도 끝도 없구나.
참으로 내 마음 때때로 변하는 내 정서(情緒)를
그 누가 측량(測量)할 수 있으랴!
내 마음 나도 몰라
내 가슴에 흔적(痕迹) 남겼던 그 많은 사람들
만나고 헤어지고 흔적 남기고
그것이 변하여 그리움이 되고
그것이 변하여 사랑이 되고
그것이 변하여 눈물 될 때도 있지.
미움이 변하여 사무치는 그리움 될 때
눈물이 그리움인가?
그리움이 눈물인가?

탓해 보고 아쉬워해도 남는 것은 눈물뿐이네.
눈물이 모든 것을 녹여 버린다.
밝힐 수 없던 사랑했던 사람을
어찌 눈물 없이 잊을 수 있으랴.
승리의 기쁨도 패배의 슬픔도
환호와 쾌재도
모두가 눈물의 결과인 것을
기세당당하게 당선됐던 회장 자리도
취업과 상장회사 임원 선임도
결국은 열정과 눈물이 스며 있었다.
사람들의 심금(心琴)을 울렸던 그 수많은 노래도
모두가 그리움과 눈물을 동반한다.
만남의 기쁨도 이별의 슬픔도
뜨겁던 사랑과 열정(熱情)도
눈물을 함께 할 때
더욱 진하게 상승하네.
그리움인지 눈물인지
눈물이 그리움인지 모를
그 흔적을 남기고

○ 봄(春)철 경계령(警戒令)

사람들은 말한다.
5월을 계절의 여왕이라 일컫는다.
그러나 뒤돌아보니
내가 동의하기에는 쉽지 않다.
40여 년 전
6월엔 아버지가
저세상으로 떠나셨다.
그리고 10여 년 전
5월엔 어머니마저
아버지가 가신 길을
따라가셨다.

이듬해
나에게 닥친 시련은
그 이름도 생소한
다분화성 횡문 근육종.
11시간의 수술 끝에
의식을 되찾았다.

작년 5월 초

또다시 흔치 않은 병명(病名)인
봉와직염과 화농성 척추염으로
아산병원과 의정부 을지병원에서
두 달간 입원 치료를 받았다.
금년 5월엔
20여 년 전 백내장 수술했던
오른쪽 눈의 렌즈가
이탈되어 물체가
상하좌우
둘로 보이므로
운전하기가 위태로웠다.
기존의 렌즈를 제거하고
새로운 렌즈로 바꿔 끼울 때
세 곳을 실로 꿰매는 등
놀라운 안과 기술로
시력은 회복되었다.
남들은 계절의 여왕이라 반기고
지역마다 그 화려한 축제로
기사가 넘쳐나도
나에게는 아연 긴장해야 하는
잔인한 계절이 아닐 수 없다.
나에게

봄철은 경계(警戒)해야 하는 계절이 되었다.

○ **그리움**

"그리움은 사랑이 남긴 가장 아름다운 상처다." - 헤르만 헤세
"Longing is the most beautiful wound that love leaves behind."
- Hermann Hesse

그리움은 슬픔인가 봐.
기쁨의 순간은
남아 있는 기억이
희미한 잔상일 뿐
학생회장 자치회장 당선되고
임관, 입사, 승진, 주총에서 임원으로 발탁되는 등
수없이 많은 것 같지만
순위 매기는 것도 쉽지 않다.
때로는 슬픔으로 변할 수도 있는 것이
기쁨인가 봐.

일찍이 전도서 7장 2절엔
초상집에 가는 것이

잔칫집에 가는 것보다 낫다고
지혜의 왕 솔로몬은 충고하고 있다.
결국, 모든 살아 있는 자들의
끝이 이와 같다고 경각심을 갖게 하고 있다.

슬픔은
눈물겹도록 그립다.
두 평도 안 되는 방에
다섯 식구가
살 맞대며 살면서
겨울 되면 무명 솜이불 덮고
머리맡에 둔 걸레가
얼어 버려
부엌에서 물 끓여
녹여 쓰던
그때가
하루하루 모두가 기뻤고 눈물겹도록 그리운 시절이다.

3-7

트로트 속에 스며든 정(情)

요즘은 지나온 발자취를 돌아보고 감개(感慨)와 향수(鄕愁)에 젖을 때가 많다.

태어나서 중학교 다닐 때까지 당시 아프리카의 가나라는 나라에 이어 세계 두 번째로 가난하던 후진국 시절이었다.

군 복무를 마치고 26년간 회사 생활 할 때는 중진국으로서 우리의 경제 영역을 넓혀 OECD(1996. 12. 12.)에 가입되었고 아시아의 네 마리의 용으로 등장했다.

이제는 GNP가 일본을 능가하게 되었으니 어딜 가도 자타가 공인하고 선진국 대접을 받는 나라가 되었다. 후진국, 중진국, 선진국 다 거친 세대이니 세계적으로 흔치 않은 경험의 세대로 자부하고 싶다.

시와 산문에 관심을 갖고 글을 쓰다 보니 트로트에서 심금을 울리는 멜로디와 가사(歌辭)들이 너무나 많음을 알게 되었다. 훌륭하고 뛰어난 작곡, 작사자들이 존경스럽다.

따라서 트로트는 시대상(時代相)을 잘 반영하고 있다. 애창했던 노래들이 떠오른다.

6·25 전쟁과 관련 있는 '그리움은 가슴마다', '이별의 부산 정거장', '목포의 눈물', '님 계신 전선', '잃어버린 30년' 등이 있었고

정서적으로 예민(銳敏)했던 사춘기와 청, 장년 시절에는 '기적소리만', '동백아가씨', '밤차에 만난 사람', '비에 젖은 터미널', '일편단심 민들레야', '황성 옛터', '해운대 엘레지' 등을 애창했다.

그러나 예수님을 영접한 후에는 찬송가를 부르며 감명을 받고 있다.

요즘은 시와 산문에 관심 갖고 글을 쓰다 보니 트로트에서 심금을 울리는 멜로디와 가사(歌辭)들이 너무나 많음을 느낀다.

오늘 기분에 맞는 노래 한 곡을 들으면서 그리운 시절을 회상(回想)해 본다.

제목 : 사모의 정

1절
밀려왔다 밀려가는 파도와 같이
그리운 정 남겨 놓고 말없이 가 버린 당신
생각하면 무얼 해 떠나간 님인데
아-- 사모하는 내 마음을
흐르는 물결 위에 띄워 보내리

2절
잊으라고 잊으라고 당신은 떠났지만
잊을 수가 없는 것이 여자의 마음인가 봐
생각하면 무얼 해 떠나간 님인데
아— 사모하는 내 마음을
흐르는 물결 위에 띄워 보내리

 '그리운 정'은 인간관계가 좋았던 친구나 함께 일했던 동료 친구들을 연상하면서 개사(改辭)해서 대입(代入)해 본다, '당신'은 직장과 일을 상징하고, 또는 관심 가졌던 업무나 직무(職務)를 뜻한다.
 '님'은 동료와 직장, 맡았던 일 등이며 자의적으로 상상해 본다.
 휴대폰의 볼륨을 최대로 높여 유쾌한 심정으로 1절과 2절을 불러 보니 왠지 모르게 내 정서(情緖)에 맞고 마음이 짠해 지면서 그리움에 젖어든다.

4장

비움에서 시작하는 새로운 삶

무게가 가벼워질수록 시야는 넓어진다

4-1

죽음의 문턱에서 배운 것들

"실패는 넘어지는 것이 아니라 넘어진 채로 누워 있는 것이다."
— 에드먼드 버크

"The only thing necessary for the triumph of evil is for good men to do nothing." — Edmund Burke

인생살이에 고비란 여러 곳에 존재한다.
예술가나 등산가에게도 고비가 있다고 들었다.
국가나 개인에게도 숱한 고비가 있다.
여러 고비 중 나에게는 생사와 관련된 고비가 세 번이나 있었다. 때는 1997년 하반기에 불어닥친 IMF는 국가적으로도 엄청난 고비였다. 대우, 기아, 한보, 삼미, 진로그룹 등이 무너졌고 30대 그룹 중 살아남은 곳은 11개 그룹에 불과했다.

불사조 같던 재벌기업들이 하루아침에 무너지고 국가의 경제 상태는 혼란 그 자체였다. 금붙이를 모아 국가 채무를 갚으려는 애국

운동에 온 국민이 참여한 결과 351만 명이 참여하여 227톤 당시 시세로 18억 달러를 확보하여 세계를 놀라게 했다. 그렇게 하여 국가는 파국의 고비를 넘기게 되었다.

이렇게 어렵던 시기인 1997년 12월 말 나도 시련에 직면하게 되었다. 회사에서 본의 아니게 퇴직당하는 신세가 되었기 때문이다.

영업 총수로 만성 적자에 시달리던 재무 구조를 2년째 흑자로 전환시켰고 엄청난 금액의 채무도 탕감시켰다. 쉽지 않은 성과를 올린 것이다. 더구나 상장 회사 임원은 법에 의해 3년은 임기가 보장되어 있다. 주총에서 두 차례 선임되었고 아직도 2년의 임기가 남아 있는 상태였다.

이유는 단 한 가지 사장과 나와의 유통 경로 혁신에 대한 견해 차이가 Power game으로 번져 버린 것이다. 결국은 나의 완패로 끝이 났다.

이때부터 나는 생사기로의 첫째 고비에 직면하게 되었다.

1998년 10월경 분하고 억울함과 스트레스 누적으로 건강에 심상치 않은 증상이 나타났다. 주기적으로 밀려오는 통증과 사지 마비로 결국 119에 실려 강북 삼성병원 중환자실로 직행했다. 생사의 고비를 맞은 것이다. 패혈증이란 진단이 나왔다. 지금도 치명적이지만 당시 생존율이 20~30%에 불과했다. 중환자실은 밤낮 구분이 어렵고 밖으로 실려 나가는 경우 대부분 극히 일부를 제외하고는 대부분 불귀(不歸)의 객이 되는 것이다.

환자 병문안도 가운 입고 한 사람씩만 허락되었다. 생사 갈림길이니 눈 뜨기도 힘들었다. 면회 오는 것도 귀찮게 느껴졌다. 그런 중에도 온 가족들의 눈물 어린 간호와 기도로 일주일 만에 일반 병실로 옮겼다. 고비를 넘긴 것이었다.

두 번째 고비는 2016년 초. 왼쪽 서혜부에 조그마한 혹이 만져졌다. 점점 커져서 아산병원 가서 검사받았더니 "서혜부 횡문 근육종"이라는 흔치 않은 일종의 암으로 병명도 해괴했다. 진단받은 1개월 뒤 수술 날짜가 잡혔다. 회복 시간 포함 11시간에 걸쳐서 아주 어렵게 수술을 마친 것이다. 수술한 9시간은 전혀 의식 없었다. 그 후 방사선 치료 25회와 항암 주사 10회로 일단 두 번째 고비를 넘기고 8년이 지난 2024년 7월 30일 드디어 완치 판정을 받았다.

2023년 5월이었다. 연초(年初)부터 통증을 동반한 이상 징후가 신체 여기저기 나타났다. 좌우 어깨와 허리 등 부위이었다. 투약하고 상당 기간 물리 치료를 받았으나 그때뿐, 수개월간 소문난 정형외과 여기저기에 다녔으나 개선은커녕 점점 더 고통이 심해졌다.
어느 날 걱정이 되어 집사람이 집으로 전화했더니 내가 무슨 말인지 횡설수설하여 양주 모 병원에 데려갔다. 의사의 진단을 받은 결과 "위급하니 서울 아산병원으로 전원요청 해 드립니다."라고 해서 즉시 중환자실로 입원하게 되었다. 병명은 "화농성 척추염과 연조직염"으로 나왔다. 염증 수치가 30.89로 나와서 정상 수치보다 엄청나게(50배는 넘게) 악화되어 있어서 신체 어느 부위라도 건드리면 참을 수 없이 고통스러웠다.

  항염증 치료를 2개월간 받고 퇴원했다. 집에 와서도 팔을 위로 올리거나 자력으로 눕고 일어나는 것도 5개월 정도 운동과 스트레칭을 열심히 한 뒤에야 겨우 개선이 되었다.

  세 번째 고비도 넘긴 것이다.

  마라토너의 하이(Marathoner's High) 이론이라는 말이 있다. 마라톤을 하다 보면 지극히 힘든 상태를 경험하게 되는데 이 고비를 넘기면 다시 충만한 자신감과 힘이 생겨서 계속 달릴 수 있다는 이론이다.

  2018년 임관 50주년 기념식을 마치고 귀갓길 지하철 역사에서 넘어져 고관절이 골절되었다. 횡문 근육종으로 25회에 걸친 방사선 치료로 인해 뼈들이 약해져 있었고 조그만 충격에도 골절로 이어지게 되었다.

  특히 거동이 불편한 장기 입원은 욕창에 유의해야 하며 최소 2시간마다 자세를 바꿔야 한다. 중병 앓는 환자에게는 고통 그 자체이고 간병인 도움도 절실하다.

  상당 기간 아산병원에 입원하게 되는 네 번째 고비도 넘겼다.

  명나라 때 백사(白沙 : 철학자)가 말하기를 "사람이 되어서 병이 많은 게 부끄러운 것이 아니라 평생토록 병이 없고 아무 근심거리

없이 사는 그것이야말로 부끄러운 것이다."라고 했으니 위안은 되지만 이래저래 위험한 고비를 수차례 넘겼고 그때마다 회복된 것은 오로지 베풀어 주신 하나님의 은혜로 그 은혜에 감사할 따름이다.

"내가 사망의 음침한 골짜기로 다닐지라도 해를 두려워하지 않을 것은 주께서 나와 함께 하심이라" — 시편 23:4

4-2

절망 속에서 찾은 희망

"하나님은 우리의 피난처시요 힘이시니 환난 중에 만날 큰 도움이시라." — 시편 46:1

"God is our refuge and strength, an ever-present help in trouble." — Psalm 46:1

"그러나 내가 가는 길을 그가 아시나니 그가 나를 단련하신 후에는 내가 순금같이 되어 나오리라." 이는 성경 욥기 23장 10절에 나오는 말씀이다. 나는 이 말씀을 읽을 때마다 감동을 받으며 힘들었던 지난날을 되돌아보면서 위로받고 있다. 뿐만 아니라 현재 어려움에 직면할 때도 스스로에게 자기 합리화하는 방편으로도 생각하게 되었다. 길게 보고 완전히 끝났을 때까지는 끝난 것이 아니라고 독려하고 있다.

뒤돌아보니 고교, 대학, 심지어 직장까지도 차선(次善)의 선택에 만족할 수밖에 없었다. 그러나 분개하고 도전하는 정신과 승부욕(勝負慾)은 이때부터 싹텄고 이 정신은 후에 큰 자산이 되었다. 또

한, 지울 수 없는 이력은 선거를 통해 당선되었던 중학교 때 운영위원장과 ROTC 자치회장 역임은 중요한 인간관계가 실전에 유용하게 쓰이는 리더십 함양(涵養)에 좋은 계기를 만들어 주었다. 패배(敗北)의 국면을 반전(反轉)시키기 위해 힘든 역경도 헤쳐 나왔고, 자신을 드러내지 않고 때를 기다리며 실력을 기른다는 덩샤오핑의 도광양회(韜光養晦)가 무엇인지를 깊이 숙고하는 계기가 되어 자기 계발(自己啓發)에 전력하도록 하는 촉진제가 되었다. 나도 모르는 나의 길을 오직 하나님께서는 아시고 심지어 생사를 넘나드는 패혈증(敗血症), 서혜부 횡문 근육종(癌)과 봉와직염 등 혹독한 병치레까지도 치르는 훈련을 거듭시키셔서 비록 크게 성공하진 못했을지라도 산전수전(山戰水戰) 다 겪고 오늘까지 말씀에 의지하여 살아오도록 하셨다.

  누군가가 말했지만 넓고 넓은 인생의 바둑판에서 돌 하나를 최선을 다해 놓는다. 그러나 놓는 곳마다 악수(惡手)가 되어 크게 낭패를 볼 때가 있다. 얼른 보기에 실수가 있더라도 그 돌 하나로 끝나지는 않는다. 잘못 둔 돌이 있다면 그다음부터는 똑바로 두면 된다.

  인생 바둑판에서는 완전히 죽기 전까지 만회의 기회가 항상 열려 있다. 절망의 순간에 돌을 던졌더라도 너무 낙담하거나 포기하지 말아야지 하고 새판을 짜기 위해 다른 방법을 모색해야 한다. 바둑뿐만 아니라 험난한 인생길에서 성급하게 후회하고 포기했다가는 그야말로 연속적으로 악수를 낳을 경우가 참으로 많다. 반대로 돌하나를 잘 놓음으로 기세가 살아나서 크게 유리한 국면을 만드는 계기도 되는 것이다. 속담에 새옹지마(塞翁之馬)라는 말이 있다. 즉 인생의 길흉화복(吉凶禍福)은 변화가 많아서 예측하기가 어려우니 매사에 일희일비(一喜一悲)하지 말라는 말이다. 매 순간이 결승 야구 경기와 같다. 지금은 9회 말. 투수는 특급 선발, 스코어는 7:8로 2아웃에 만루(滿壘). 공격수는 나이다. 최소 안타나 홈런 한 방이면 게임 종결. 삼진 아웃은 최악이다. 이 한 방을 위해 나는 선발 공격수로 타석에 서게 되었다. 순금(純金)같이 되어 나오게 되는 절체절명(絶體絶命)의 순간이라고 나는 생각한다.

> "그러나 내가 가는 길을 그가 아시나니 그가 나를 단련하신 후에는 내가 순금같이 되어 나오리라" — 욥기 23:10

4-3

30년 담배와의 이별

담배를 끊은 지도
어언 30여 년이 훌쩍 넘었다.
금연하기 위해 온갖 방법을 다 써 보았다.
재수(再修)하는 동안 배운 흡연을
끊기가 쉽지 않았다.
때로는 위로가 되고
생각 정리와 아이디어 창출을 위해
식후나 심심할 때
특히 훈련받던 후보생 때나 군(軍) 생활, 또 직장에서
회의나 토론 중
담배는 언제나 가장 가까이서
친구나 동료가 되어 주었다.

집안 식구들과 나 자신의 건강을 위해
금연해야 하는 것은 당연했지만

그렇게 실행하기란
참으로 어려웠다.
결심도 여러 번 했으나
주위에서 피우는 모습이 부러워
이번만 피우자 하고 결심을 보류하기 일쑤였다.

90년 초반까지 외제 담배를 피우면
법에 저촉되었고 현장에서
적발되면 엄청난 벌금을 부담해야 했다.
특히 제휴(提携)한 외국회사 소속 간부들이
회사를 방문할 때
양주 한 병에 담배 두 보루를 선물로 가져왔다.
직원들이 해외 출장에서 돌아올 때
담배 한 보루는 무난한 선물이 되었다.

집에서나 회사에서 피우는 담배는 외제가 많았다.
담배 좋아하는 부하들에게 사기 앙양 차원에서
더러는 나눠 주기도 했다.
금연 결심을 하고 나서
갖고 있던 외제 담배 전부를 부하 간부들에게
나누어 주고 회의 전 부하들 앞에서 금연 선언하기를
두서너 번 했다. 담배를

끊기 위해 회사에서 과자나 주전부리 등으로 대신하기도 하고
나름대로 penalty 규정도 만들어 놓는 등 몸부림에 가까웠다.
그리고서도
참지 못해 염치 불고하고 부하 직원에게
담배 한 개피 빌려서(?) 나의 방에서 피우길
몇 번인가 하며 언행일치(言行一致)를 하지 못한
내 양심에 수치심을 느꼈다.
이래서는 안 되겠다 싶어 또다시 중대한 결심을 했다.
1992년도 저물어 가던 때로 기억된다.
마침 보름간 유럽 5개국 출장 기회를 이용하여
각국 담배를 맘껏 피운 뒤 금연하기로 굳게 결심했다.

김포공항(인천공항 개항 2001년 3월 29일) 도착 전에
어떤 경우에도 담배나 라이터는 모두 없애 버리기로
결심했다.
그때 그 결심이 지금까지 지속되고 있다.
요즘은 내 나이 정도 되면 담배가 건강에 나쁜 줄 다 알고
만병의 원인으로 인식되고 있으나
20여 년 전만 하더라도 그런 인식은 지금과 같지는 않았다.
친구나 동기생들이 금연한 나를 보고 독한 친구라고 했다.
그때마다 나의 대답은 한결같았다. 죽음이나 중병도
불사(不辭)하지 않는 당신들이 훨씬 더 독한 사람들이라고 대꾸

했다.

  개인이나 조직 또는 단체에 있어서 그 어떤 것에 우선하여

  지향하는 목적과 목표는 핵심 중의 핵심이다. 그것은 얼굴이고
이미지다.

  이런 목표와 목적을 대외적 공약으로 발표하고 실행치 못하면

  신뢰에 큰 영향을 받게 되고

  지위 고하를 막론하고 체면을 구기게 된다.

  따라서 어떤 각오나 결심보다도 부하나 주위 친지들로부터

  결심 굳은 상사나 친지로부터 의지가 약한

  비난받지 않기 위해

  매사에 공약(公約)부터 선포하고 이를 실천하는 것이

  나의 에너지(힘)가 되고 있고

  금연(禁煙) 선포가

  공약을 실천으로 이어지게 했던

  가장 좋은 방법이라고 나는 확신한다.

4-4

절제에서 찾은 진정한 맛

"몸은 삶의 성전이다. 건강한 식습관은 인생의 가장 좋은 투자다." — 윌 로저스

"The groundwork for all happiness is good health."
— Leigh Hunt

 2016년 횡문 근육종이란 판정을 받고 총 25회의 장기간 방사선 치료를 받았다. 암세포를 최대로 제거한 뒤 10회에 걸쳐 항암 치료로 2024년 완치 판정을 받았다. 그간 딸 세림이와 함께 했던 식사 시간도 꽤 많았다. 그 시간은 큰 위안이 되었고 건강 유지의 원동력이 되었다. 순댓국, 추어탕, 얼큰한 육개장 등은 내가 좋아하는 메뉴였다. 딸이 추천하는 이름 모르는 메뉴도 많았다. 무슨 음식이든 가리지 않는 나의 식성은 건강 회복의 자산이 되었다. 발병하면 입맛도 떨어지고, 양도 줄어드는 환자를 흔히 볼 수 있으나 나 같은 경우에는 극히 드문 경우에 속한다. 이것도 복이라고 생각된다.
 가정을 꾸리고 나서는 반찬 투정을 해 본 기억이 없다. 무엇이든

지 잘 먹는다. 맛 좋은 반찬이 상에 오르면 과식할 정도로 먹는다. 대개 암 환자들은 먹지 못해 낭패를 당하는 경우가 많다. 암 환자로 치료 중일 때도 모처럼 만난 지인들이 잘 먹어서 그런지 피부가 좋고 식성도 참 좋다고들 했다.

최근에는 식구들이나 주위 친지들로부터 양을 줄이라는 충고를 많이 듣고 있다.

2023년 퇴원 후부터 식사량을 줄이려고 노력할 수밖에 없었다.

'과식하면 안 좋다'라는 말을 그냥 흘려듣지 말라고 야단이다.

일본에는' 하라 하치부(腹八分)'라는 말이 있다.

80%만 위를 채우고 20%는 비워 두라는 건강 철학이다.

이를 참고하기는 하나 갑자기 줄일 수는 없으니 요즘은 식사량은 거의 절반으로 감량하고 대신에 군것질과 소위 말하는 주전부리를 시도 때도 없이 즐긴다.

체중도 유지되고 식사량의 다과를 막론하고 소화도 잘 시키고 있다.

세계적인 장수촌으로 유명한 오키나와 노인들의 실제

식습관에서 유래했다고 한다. 그들은 식사 중 배가 차는

느낌이 80% 정도 들었을 때 식사를 멈추는 것을

미덕으로 여기고 열심히 실천하고 있다.

식사에도 '여백의 미'가 있다는 건가?

건강한 장수 비결이다.

명심해야 할 말이다.

식사하면서 어느 정도 배가 찼다는 느낌이

오면 그만 먹는 게 좋다고 한다.
더 먹게 되더라도
배가 부르기 시작하면 숟가락을 내려놓아야 한다.
나에게는 그 말을 실천하기가 참으로 어렵다.
단체 회식 있을 때면 더더욱 절제하기가 어렵다.
고치기 어려운 나의 식도락성 식성이다.

"네 몸은 너희가 하나님께로부터 받은 바 너희 가운데 계신 성령의 전인 줄을 알지 못하느냐" — 고린도전서 6:19

4-5

지팡이와 함께한 19,226걸음

"건강한 몸에 건강한 정신이 깃든다. 걷기는 가장 완벽한 운동이다." — 히포크라테스

"Walking is man's best medicine." — Hippocrates

이 숫자는 2025년 4월 25일 지팡이에 의지하여 남산 도성 순성길을 걸은 나의 걸음 수였고

일상생활(그날) 수를 더하면 2만 보도 넘는 걸음 수를 말한다.

1일 만 보 걷기를 목표로 하는 친구들이 참 많다.

주말마다 정기적 산행하는 모임이나 친구도 주위에는 흔하다.

국내외 명산대천(名山大川) 찾는 낭만적인 친구와 심지어 히말라야를 등정한 친지도 몇 명 있다. 모두가 건강과 도전 정신은 참으로 본받을 만하다.

지팡이에 의지하여 살고 있은 지도 거의 10여 년이 되었다.

여러 사정을 고려하여 1일 6천 보 이상 걷는 목표를 세워 놓고 차질 없이 실행하고 있다.

4월 25일 우성회 소속 전통의 역사기행(歷史紀行)팀은 변함없는 고정 가이드(Guide) 김재화 전임회장이 제110회 차 코스를 다음과 같이 철저한 계획을 수립했다.

집결지 : 지하철 3호선 동대입구역 5번 출구(장충체육관)
탐방지 = 한양도성 순성길 3코스 남산구간(4km)
☆ 장충체육관 뒤 다산 성곽길 안쪽(3코스 출발지) ~ 반얀트리 클럽 ~ 국립극장 ~ 가파른 남산 성곽 데크 계단길 or 생태경관 보전지역 길 ~ 남산 안내센터 ~ 남산 버스정류장 전망대 ~ 서울타워 ~ 팔각정 목멱산 봉수대 ~ 남산케이블카 승강장 ~ 잠두봉 전망대 ~ 한양도성 유적전시관(조선 신궁 배전 터, 방공호. 도성 유적지구 분수대) ~ 위안부 피해자 기림비(삼순이 계단) ~ 안중근 의사 동상 및 유묵 포석광장 ~ 안중근의사기념관(제1~3전시실, 영상, 체험실 등) ~ 백범광장(백범 동상, 이시영 동상, 김유신 동상, 호현당) ~ 13:40 왕돈가스 식당

준비물 = 등산화 or 트레킹화, 물, 간식, 모자, 등산 스틱(선택).

이번 한양도성 순성길(남산 3구간)은 봄을 맞아 아름다운 남산 경관과 함께 역사 유적지를 함께 탐방할 수 있는 역대급 기행(紀行)이었다.

결과적으로 나에게는 몸으로 느끼는 멋진 하루였다. 회원 모두 끈끈한 동지애와 전통이 무엇인지를 깊이 새겨 보는 기행(紀行)의 하루였다. 가이드의 5회에 걸친 철저한 사전답사로 요소 요소마다 사전 급소를 체크해 두었고 이재호 회장의 안전에 대한 지극한 배려와 나의 컨디션 관리에 관심과 격려를 아끼지 않으셨던 동료 회원들의 친절함에 진심 어린 감사의 시간이었다. 사실 민폐를 끼칠까 봐 속으론 솔직히 염려되기도 했다.

그러나 교육 담당 시절 도전 정신을 항상 강조했던 나 자신의 언행일치함을 시험하는 좋은 기회로 삼았던 것이다.

사실 혼자라면 절대 종주(縱走)할 수 없었다.

멀리 가려면 함께해야 한다. 함께 걸었던 동료 회원들의 덕분에 무사히 목표한 바를 달성했다.

알고 보면 60년 가까이 서울에 살면서 자주 다녔던

타워호텔 인도어 골프장, 약수동 사무실 3년, 숭의여대 전임강사 약 2년, 해방촌 육군 중앙경리단 근무 3년 등 모두가 남산 주위를 그것도 아주 가까이에 자리 잡고 있어서 마음만 먹으면 자주 갈 수 있는 곳들이었다. 동대입구 5번 출구 신라호텔 정문에서 장충체육관을 끼고 돌면 가파른 언덕길을 따라 시작된 도성 성곽을 곧 대하게 되는데 그렇게 가까이 있는 줄 처음으로 알게 됐다.

화장품회사 상무 시절 우리 회사 역대 모델 출신을 초대해서 행사를 치른 적이 있었다. 유지인 모델이 대전에 살고 있어서 유성온천도 자주 갈 수 있어서 좋겠다고 부러워하자 저에게 남산이 좋다고 매일 못 가는 것과 같지 않으냐고 해서 좌중이 웃음바다가 된 기억이 새롭다.

걸으면서 교육 담당 시절도 회상(回想)했다. 1974년으로 기억된다. 집념의 마나슬루 팀과 사전답사 차 강원도 백담사에서 숙박하고 마등령을 종주할 계획이었다. 2,000여 명의 전 직원 극기 훈련을 위해서였다. 최종 단계에서 직원들의 안전을 염려한 이사회의 결의로 중단된 일도 있었다.

가이드 말로 남산을 오르내리는 계단이 660개까지는 세었는데 몇 개의 계단인지는 잘 모르나 700개 이상은 된다고 했다. 오전 10시에 출발 오르고 또 올라도 끊임없는 계단으로 이어졌다. 오르막과 내리막도 반복되었다. 해발 약 280m라고는 하나 참으로 힘든 코스였다.

> "달음박질하는 자들이 다 달아날지라도 상을 받는 자는 한 사람뿐이니 너희도 상을 받도록 달음박질하라"
> — 고린도전서 9:24

4-6

흐르는 세월을 받아들이며

○ **세월이 불러오는 변화**

"변화하는 것은 살아 있는 것이고, 완성된 것은 죽은 것이다."
— 미겔 데 우나무노
"That which does not change is dead. That which changes is alive." — Miguel de Unamuno

여든 되어 느껴 보는 세월과 변화는 불가분의 관계
변화란 참으로 경탄(驚歎)을 금치 못하게 한다.
삼라만상(森羅萬象) 모두가 변하지 않는 것이 없다.
변하지 않는 것이 있다면
시간이 모든 것을 변화시킨다는 진리이다.

이 변화의 밑바탕엔 세월이 자리하고 있다.
세월은 잠시도 멈춤을 허락하지 않고

한 방향으로 흘러만 간다.
그것도 너무나 정확하게
어떤 장애(障礙)도 세월 앞엔 무용지물(無用之物)일 뿐.

흐르는 것엔 물도 있겠다.
물은 고저장단(高低長短)과
양(量)에 따라 그 속도가 조절되고
가다가 힘들면 돌아갈 수도 있는 것
고장이 있다면 고장 난 그 세월을 더 좋아할 수도 있겠지만
무정한 세월은 고장도 멈춤도 없어
고장 없는 이 세월은
인정사정없이
앞만 보고 흘러간다.

매정한 세월일진대
때로는 억만금을 주더라도 아깝지 않을
그 시절이 그립고
가슴에 사무칠 때가 있다.
세월과 변화의 함수(函數)는 영원히 풀 수 없는 숙제

세상에 변하지 않는
영원한 진리가 있다면

그것은 세월은 흐르고
세상은 변해 간다는 것.
흘러간 삶은 바꿀 수 없지만
오늘 내 행동을 바꿈으로써
나의 미래는 바뀔 수 있겠다.

"하나님이 모든 것을 지으시되 때를 따라 아름답게 하셨고 또 사람들에게는 영원을 사모하는 마음을 주셨느니라" — 전도서 3:11

○ 운명

제아무리 좋은 차도
오래 타면 여기저기 고장 나듯
나이가 들면
인체도 여기저기 고장 난다.
차가 고장 나면 수리하듯
우리 인체도 고쳐 써야 하는 것
고쳐서 성능을 연장해 가는 것.

고쳐도 고쳐도 결국은 제한적이다.
원래 제 것이 가장 좋다.

고쳐도 더 이상
감당 못 하면 결국 끝을 내야 한다.
그것을 우리는 운명으로 부른다.

운명! 그것이 애틋하거나 무서워도
결국은 피하지 못할 것을
피할 수 있을 때까지 몸부림치며
버텨도 결국은 종언(終焉)까지 가고 마는 것
갑자기 짠해지네.
오호(嗚呼)통재라!

4-7

무거운 짐도 함께하는 은혜

"삶의 무게는 그것을 견뎌 내는 용기에 비례한다. 진정한 힘은 짐을 지고도 웃을 수 있는 능력이다." — 빅터 프랭클
"Everything can be taken from a man but one thing: the last of human freedoms – to choose one's attitude in any given set of circumstances." — Viktor Frankl

인도의 성자 '선다 싱'에게 누가 물었다.
"인생에서 가장 위험할 때가 언제입니까?"
그의 대답은 "내가 지고 가야 할 짐이 없을 때가
인생에서 가장 위험할 때입니다."
힘들고 어려워도 두고두고 곱씹어 볼 말이자
좌절하고 포기하고 싶을 때도 나를 일으켜 세워 주는 말이다.
내가 지고 가야 할 짐이 있는 것은 매사 신중하고 최선을 다해 헤쳐 나가서
사전 예방도 하고 위험에 직면하기 전에 대책을 수립해서 최선을

다함으로

극복할 수도 있는 것이다.

날이면 날마다 부닥치는 문제가 어디 한 둘이냐?

"오늘의 문제는 싸우는 것이요, 내일의 문제는 이기는 것이요,

모든 날의 문제는 죽는 것이다."라고 빅토르 위고도 〈레 미제라블〉에서 말하지 않았는가.

이런 어려움과 싸우는 것도 사실은 살맛나게 한다.

어려움은 잠시 잠깐이요 지나고 나면 그리움 되기도 하지.

때로는 못다 이룬 사연에 눈물 글썽이고

베갯머리 눈물로 적실 때도 있으나

날이 밝아 쾌청하면 심기일전하여

또 하나 세운 목적 향해 쉼 없이 가리라.

목련꽃 피는 봄이 올 때면

막연히 동행할 소풍 친구 기대하고

태양이 작열하는 한여름 오면

시원한 도서관을 피서처로 삼고

석양 지는 가을 되면

명산대천 찾아가고

삭풍 불고 살을 에는

그 겨울도 이제 멀지 않으리.

이리 보고 저리 봐도

나가 보고 들어와 봐도

내 서재 놓여 있는 내 집에서
쌓아 놓은 원고 훑어보고 정리하여
기록하고 편집하여 출판을 대비하련다.
지구를 세 바퀴 이상 돌고 나서
시간 건강 열정 경제력을 대입하여
가성비로 셈해 보니
간절히 가고픈 마음 내키지 않는다.
가본들 돌아서면 어렴풋한 기억과
추억 얽힌 사연들만
쌓일 뿐
마치 거울에 비친 내 얼굴이
금세 사라져 버리는 것 같아.

눈 내리고 얼음 얼면
가까운 외출도 신경 써야 하고
지팡이 도움 받아 내 발로
나들이할 수 있으니 그나마도 고맙지.
불편하나마 막바지까지 함께할
지금 몸의 상태가 더없이 고맙고 감사할 뿐
주어지는 여건에 순응하면서 규칙적 생활로
아직도 오지 않은 내 인생 최고의 날들이
희망과 설렘으로 기다려진다.

지고 가야 할 짐을 지고

날이면 날마다 달이면 달마다

멀리멀리 가기 위해 작은 목표라도 세우고 실천하면서

오늘도 감사하면서 지고 가야 할 인생 짐과 동행(同行)하리라.

"수고하고 무거운 짐 진 자들아 다 내게로 오라 내가 너희를 쉬게 하리라" — 마태복음 11:28

4-8

리듬을 타는 세월

○ 함께하는 세월 리듬(Rhythm)

"시간은 우리가 가진 가장 가치 있는 자원이다. 어떻게 사용하느냐가 우리의 삶을 결정한다." — 짐 론
"Time is our most valuable asset, yet we tend to waste it, kill it, and spend it rather than invest it." — Jim Rohn

철없던 시절
기다려지던 날이 있었다.
생일이 되면 간단한 선물과
이밥에 고깃국 먹었다.
한 끼는 국수였다.
길게 오래 살라는
식구들 염원과 함께.
반세기 전엔

회갑연이 열리면
온 동네가 떠들썩한 큰 행사였다.
요즘은 칠순 행사로 대부분 해외여행 하는 것이
대세로 자리 잡은 것 같다.
효심 깊은 아이들을 둔 덕택에 나의 회갑은
미국 서부 지역 버스 투어로
갈음했다.
칠순은 보름간을 유럽과 성지순례 크루즈로 그야말로
호화로운 여행으로
다녀왔다.
팔순을 맞이한 금년은 아들 딸 며느리 등 직계 가족 행사로
대신했다.
그런대로 그 시간은 즐거웠다.
젊은 시절 불편함 없을 땐 여행이 흥분되고
기대와 꿈이 컸다.
지금까지 해외 출장 겸 여행으로 20여 개국을 여러 차례에 걸쳐
다녀 보았으니
이제는 특별히 가보고 싶은 곳도 없다.
직계 가족 행사만으로도 흐뭇하다.
그 옛날 기다려지던 생일잔치였던
그날이 지금은 또 한 살
나이를 더 하게 되니

신경 쓰이는 곳이 많아진다.
무정한 세월아 흐르더라도
천천히 좀 더디 가 다오.

"우리에게 우리 날 계수함을 가르치사 지혜로운 마음을 얻게 하소서" — 시편 90:12

○ 세월 따라 물결 따라

"인생은 아름다운 멜로디이며, 다만 가사가 뒤섞여 있을 뿐이다." — 한스 크리스티안 안데르센
"Life is like a beautiful melody, only the lyrics are messed up."
— Hans Christian Andersen

주위를 둘러보면 마치 영원히 살 것처럼 서로 사랑하고 미워하고 시기 질투하기도 하며 살아가고 있다. 나도 그런 부류의 인간이다. 조그만 성공에 자만도 했고 과욕(過慾)부리며 도전도 했다. 가슴 떨리게 피 오줌 싸 가면서 후회 없이 일도 해 봤다. 그런가 하면 때로는 좌절하며 실의에 빠져 一喜一悲하기도 했다. 인생은 어떻게 보면 쉽기도 하고 어떻게 보면 어렵기도 하다. 마음먹기 나름이지만. 과거는 고정되어 있고 현재는 빠른 것 같기도 하며 느린 것 같

기도 하다. 그런 중에도 미래는 어김없이 다가오고 있다.

어영부영하는 사이에도 세월은 쉼 없이 달려만 가고 있다.

누구나 가는 길이지만 한 번도 가 본 적이 없는 것이 인생길이다.

같아 보이는 길이지만 전혀 같지가 않다.

인생 종착역이 바로 한 발짝 앞에 있는 줄도 모르고.

지난 세월 되돌아보니

순풍에 돛단배같이 순항했던 때가 있었는가 하면

때로는 삭풍(朔風) 불고 눈보라 휘몰아치는 엄동설한(嚴冬雪寒) 같은 때도 있었다.

정거장도 없고 휴게소도 없다.

비바람 몰아쳐도 춘풍추우(春風秋雨)도 아랑곳하지 않고 달려왔다.

노력 없는 성공이 있을 수 없고 고통 없는 성과가 어디 있으랴.

그래도 세월은 한 치의 머뭇거림도 없이 일정한 속도로 흘러만 가고 있다.

속도를 측정한다 해도 특급도 없고 완행도 없다. 저축도 없다. 느낌에만 있을 뿐이다.

희로애락도 누구에게나 있다. 싸이클에 따라 오가고 있을 뿐

사무여한(死無餘限)이란 말도 있다. 죽어도 여한이 없다는 뜻이다. 종착역이 가까워져 오는 것을 느낌으로 받아들이는 나이지만 아직도 내심 인정하기는 싫다. 지금껏 쉼 없이 달려왔고 뒤돌아보니 정거장도 공항도 항구도 기항지도 없었던 인생길이었다. 불어

오는 쌍 고동도 기적도 클랙슨 소리도 들려오지 않으니 어찌 짐작인들 하겠나?

한 번도 가 본 적 없는 이 길, 이 순간도 등 떠밀려 가고 있구나. 아직도 할 일이 태산보다 높고 바다보다도 넓게 도청에 깔려 있다. 꾸역꾸역 쉬지 않고 가기만 했던 인생 선배들이 가셨던 길 따라가다 보니 종착이 가깝게 느껴지네.

숙제가 쌓여 있는데 승무원도 기관사도 상상 속에만 존재할 뿐, 안내자도 인도해 주는 사람도 전혀 없다. 오직 주어진 여건 속에서 내 판단, 내 결단만 있는 외로운 길을 나는 쉼 없이 가고만 있다. 시작도 끝도 막연한 상상 속에만 존재할 뿐, 애달픈 사연도 지나고 보면 다 한 조각구름같이 흩어져 버린 것. 누구에게나 공평한 크로노스 시간이 있을 뿐 그중에서도 구태여 의미를 찾자면 카이로스(위기의 시간 : 하나님이 개입하셔서 하나님의 뜻을 이루어 내는 시간)가 다소 주는 위안만이 있을 뿐이다. 솔로몬이 전도서에서 이렇게 말했다. "일의 결국을 다 들었으니 하나님을 경외하고 그 명령들을 지킬지어다. 이것이 모든 사람의 본분이니라."

> "일의 결국을 다 들었으니 하나님을 경외하고 그의 명령들을
> 지킬지어다 이것이 모든 사람의 본분이니라" — 전도서 12:13

○ 눈과 향수(鄕愁)

눈은 따뜻한 이불과 같아
눈 내리는 동안은 추위도 잠시 멈추게 하네.

아파트 20층에서 보이는 눈은
방향을 종잡을 수 없이 자유분방 그 자체

동서남북 상하좌우로 떼 지어 몰려 오가면서
내리고 오르길 반복하며 제 갈 길 찾아 어디론가 사라지고

무대도 조명도 탓하지 않고
순하고 현란과 자유의 극치를 뽐내는 너의 자태
따뜻한 봄볕 비칠 때나
태양이 작열하는 여름이 오면
그땐 네가 그리워지겠지

언뜻 떠오르는 구절이 있다.
'유수불복회(流水不復回)'
흘러가는 물은 다시 돌아오질 않고
'행운난재심(行雲難再尋)'
떠도는 구름은 다시 찾아오질 않네

'노인두상설(老人頭上雪)'
노인의 머리 위에 쌓인 눈은
'춘풍취불소(春風吹不消)'
봄바람이 불어와도 사라지질 않고

향수에 젖어 보는 그리움 속에
지금은 그저 자유롭게
잠시 잠깐 후면
다시는 올라갈 수 없는 운명의 너를 보며
이제는 밝고 우아하게 안녕이란 말로
너를 떠나보내리.

5장

정상은 언제나 비어있었다

그래서 우리는 거기서 다시 시작할 수 있다

5-1

돌아가고 싶은 그 자리

"고향은 마음이 머무는 곳이다." - 괴테
"Home is where the heart is." - Johann Wolfgang von Goethe

꽃피고 새우는 아름다운 구봉산과 유유히 흐르는 육곡수가 있는
정든 내 고향 의성
　버스 타고 동으로 가면
　화목과 청송을 거쳐 영덕 동해로
　가는 도중 상리동에서 어릴 때
　수제 스케이트 타던 그 개울
　모닥불 피워 놓고 얼은 손 호호 불었으나 등에는
　땀방울 송송

　버스 타고 서쪽행은 도리원 지나
　군위 거쳐 대구 가던 정든 길
　가을이면 양쪽에 형형색색

코스모스가 한들거리고 고추잠자리는 신이 나서 춤추나
방금 배웅해 주시던
부모님 정엔 눈물 글썽

기차 타고 남쪽행이면
탑리 거쳐 영천 경주로
개나리 봇짐 지고 가던
일곱 살의 625 피난길
프레쉬맨(Freshman) 시절 청량리 출발 경주행
기차 타고 영천서 환승
대구의 통학길
단복 입고 한껏
폼 잡고 다니던

다시는 오지 않을
학군단의 후보생 시절

기차 타고 북으로 가면
안동 거쳐 청량리행 완행열차로
여덟 시간 걸리던 그 먼 곳
승객 많아 출입구 계단에
앉아 밤새 뜬눈도 여러 번

결국은 불합격으로
눈물 뿌렸던 서울 유학길

산 설고 물 설은 서울
살처럼 지나간 60여 년의 객지
올 때는 혼자 왔으나 이제는
최고 경영자로 자리 잡은
50대의 아들 둘과 막내딸 등
셋이 생겼으니 그야말로 대박
홀가분한 마음으로
조상님 묘지 앞에 섰으나
그 애틋한 정을 못 잊어
하염없이 흐르는 것은
눈물뿐이어라.

"여호와께서 아브람에게 이르시되 너는 너의 고향과 친척과 아버지의 집을 떠나 내가 네게 보여 줄 땅으로 가라"
— 창세기 12:1

5-2

추억의 회갑 여행

"인생의 각 단계마다 특별한 의미가 있다. 나이 들어감을 축복으로 여기는 자가 복된 자다." ― 아브라함 링컨

"And in the end, it's not the years in your life that count. It's the life in your years." ― Abraham Lincoln

일설에 의하면
한 개인이 탄생하는 것은 약 50조의 확률이라고 한다.
기적중의 기적이고 위대한 사건이다.
생명의 오묘함에 천지창조의 위대함에 절로 고개 숙여진다.
그런 중에도 특별한 의미가 있는 기념일은 첫돌을 비롯하여 육순이 되는 회갑과
　칠순 팔순은 물론 요즘은 구순을 맞이하는 분도 흔히 볼 수 있다.
　의약과 건강에 대한 인식의 강화로 평균 수명이 늘어 가고 있기 때문이다.
　팔순 되는 날 아침에 느끼는 감회의 일단은

우리 집안에서 내 위엔 어른이란 한 분도 없다.

기댈 언덕이란 없다는 뜻이다.

그렇다고 머리 큰 자식들이 내 뜻대로 움직여 주지도 않는다.

오히려 그들의 결정에 따라야 한다.

내가 40대 후반에 서초동에 집을 마련하고 2남 1여 모두를 소위 말하는 8학군에서 초, 중, 고등학교를 졸업시켰다. 그러나 이 나이 되도록 아직 손자 손녀 하나 받지 못하니

속이 부글부글 끓을 때도 종종 있지만 그래도 어이 하랴.

일하는 것 사업하는 것 볼 때 답답하기만 할 때도 많다.

한 녀석은 꽤 괜찮은 회사 최고 경영자로 재직하여 그런대로 위로가 된다.

모든 권위와 능력이 내 손을 떠나 버린 지 오래다.

때로는 가끔 속으로 삼켜야 하는 분노와 눈물이 없을 수 있으랴.

쓸쓸하고 외롭기만 하다.

지나간 생일의 의미를 소환해 본다.

회갑맞이 생일은 미국 서부 관광으로 보냈다.

회사 일로 미국 출장 때는 워낙 큰 나라니까 시간을 최대로 아껴야 하니

동, 서부를 다닐 때는 비행기를 이용했다. 그 때문에 관광이라 해 봐야 큰 강이나 건물 음식점 등

도시마다 거의 비슷한 양상이었다. 회갑 여행은 시간에 쫓기지

않고 하여 캘리포니아주를 버스 투어 하는 코스를 택했다. 전문적으로 하는 여행사에 일임했다.

2004년 11월 19일부터 26일까지 8일간을 돌아본 것이다.

샌프란시스코 언덕에서

11월 20일 (토) 인천공항을 출발해서 샌프란시스코 공항에 도착했다. 캘리포니아주는 금, 석유 산지와 드넓은 농장으로 유명한 곳이라 했다. 특히 샌프란시스코의 명물 금문교(Golden Gate Bridge)는 그 엄청난 공사가 그때로부터 67년 전 완공 개통했다고 한다(2025년 현재 88년 전). 2,327m 현수교로 1964년 뉴욕 베라지노 내로스 대교가 완성되기까지 세계에서 가장 긴 다리였다. 다리의 실제 색은 붉은색이지만, 석양 무렵이면 햇빛에 둘러싸여 온통 황금색으로 빛나는 모습 때문에 금문교라는 이름을 붙였다는 것이다. 바위가 많은 해수면 지형과 거센 조류, 안개가 많은 날씨 등으로 다리 건설이 불가능하다는 의견이 많았으나 4년 만에 완공해 미국 토목학회가 선정한 '현대 토목 건축물 7대 불가사의' 중 하나라고 했다. 언덕에 오르면 보이는 맞은편 주택들이 지진에 대비 다닥다닥 연결해 지었다는 것이다.

무지개 깃발을 꽂아 놓은 집들이 많았는데 동성애자들의 집이라고 가이드가 설명해 줘서 신기하게 느껴졌다.

11월 21일 (일) 미국의 금강산이라고 불리는 아름다운 3대 공원인 요세미티 국립공원(Yosemite National Park)과 하프 돔, 1,090m 높이의 거대한 엘 카피탄(El Capitan) 보초 바위, 790m 면사포 폭포는 규모 면에서도 엄청났고, 수백 년이나 된 거목들이 끝없이 이어져 있었다.

네바다 사막 가운데 있는 대형 여객기들의 무덤과 끝없이 이어지는 캘리포니아 대 농장지대는 과일을 실어 나르는 열차 차량이 100여 개 이상이나 이어졌다. 서부 개척시대 은광 촌은 폐광 후 관광촌으로 탈바꿈했다 한다.

요세미티 국립공원

    11월 22일 (월) 네바다주에 있는 환상과 환락의 신도시 '라스베가스'는 세계에서 손꼽히는 휴양지로서 전 세계의 사람들이 한 번쯤은 와 보기를 원하는 관광지다. 자부심이 드는 것은 시 중심부 거리에 설치된 약 400만 개의 형형색색 전구로 전광판이 LG의 광고로 시시각각 채워져 있었으며 카지노의 도시 야경과 쥬빌리 쇼도 관람했다. 유흥가가 즐비했으며 안내자의 말에 의하면 하루 백만 명의 숙박이 가능하다고 했다. 밤늦게 길거리에 즐비한 카지노에 들러서 실습으로 체험도 해 봤다.

11월 22일 (화)~23일 (수) 그랜드 캐니언(Grand Canyon) 국립공원은 콜로라도강에 의해 만들어진 거대한 대협곡이며 그 규모는 경탄을 자아냈다. 고무보트 배(Raft)를 타고 그랜드 캐니언(Grand Canyon)을 통과하여 관광할 경우 2주일 이상의 시간이 소요된다고 하니 상상 초월이다. 계곡의 폭이 넓은 곳은 30Km에 이르고, 계곡의 깊이도 1,600m 정도가 되는 곳도 있다. 라플린과 바스토우를 경유하여 사막 위에 세워진 도시 로스앤젤레스에 도착. 그 시에 둘러싸여 있으나 별개의 행정구역인 비벌리 힐즈(Beverly Hills)는 인구가 3만 3천 명 정도이나 가로수인 야자수와 집집마다 수영장과 호화시설이 많아 전 미국에서도 고급 주택이 많은 곳으로 유명하다.

11월 24일 (목) 미국 영화 산업의 중심지인 할리우드(HOLLYWOOD)의 명예의 거리(Hollywood of Fame) 인도에는 별 모양의 유명 연예인들의 이름이 줄지어 새겨져 있다. 세계 최대의 영화 및 TV 촬영장과 테마파크가 있는 유니버설 스튜디오 거리에서는 가는 곳마다 각종 의상으로 단장한 모델들과 사진 촬영도 가능했다.

11월 25일 (금) 디즈니랜드(Disney Land)는 설립자 월터 디즈니가 직접 디자인해서 지은 유일한 테마파크로서 일정한 시간에 보여 주는 길고 긴 화려한 퍼레이드는 잊을 수가 없다. 대륙 백화점 견학과 약간의 기념품 구입 등으로 여행의 마지막 밤을 보냈다.

디즈니랜드 퍼레이드

11월 26일 (토) LA 공항을 출발, 약 13시간의 비행 끝에 인천공항에 도착함으로써 멋진 회갑 여행은 그 끝을 맺었다.

> "네 어린 날과 청년의 때를 즐거워하며 그 모든 날에 네 마음을 기쁘게 하라" — 전도서 11:9

라스베가스 스타더스트 호텔

5-3

칠순맞이 크루즈 여행

칠순 기념 성지순례 여행

2013년 11월 칠순 기념으로 아이들이 성지순례 크루즈 여행을 권했다. 불과 10여 년 전만 하더라도 크루즈 여행이란 말은 낯설었다. 경비도 많이 들고 영어로 의사소통하는 것은 기본이고 사교댄스 정도 할 줄 알아야 한다고 충고하는 사람이 많았다.

마침 교인들로 구성된 성지순례 광고를 접하니 호기심도 생기고, 아이들의 권장에 못 이기는 체하고 생소한 크루즈 여행 권장을 받아들였다. 새로운 것에 도전하고 부딪쳐 보는 것이 어디 여행뿐이랴? 평소 Salesmanship을 강조하던 나에게 두려움이나 공포심은 없었다.

아래와 같이 여행 일정을 살펴보니 꽤나 괜찮고 실속 있는 스케줄이다.

여행 기간 : 2013년 11월 24일부터 12월 7일까지 14일간

11월 24일 (일) 11:55 인천공항 출발

11월 25일 (월) 이스탄불 거쳐 밀라노 도착/제노바에서 크루즈 승선

   06:40(한국 시각 17:30) MSC 15층부터 차례대로 살펴봄.

11월 26일 (화) 오리엔테이션 전일 선상 항해 세미나 1강 주제 : 변화의 물결

11월 27일 (수) 카타콜론 입항 그리스의 고대 올림픽 발상지 올림피아 헤라 신전, 제우스 신전, 올림픽 경기장 끝까지 뛰어 봄, 항구로 귀환

   사람의 신체 부위에서 가장 강한 것은 머리카락이라 한다.
   올리브나무로 월계관 만듦

11월 28일 (목) 지중해의 진주 크레타섬. 니코스 카잔자키스의 대표작 그리스인 조르바의 묘비(墓碑)에 새겨진 원문(原文) 확인. 즉 나는 아무것도 바라지 않는다. 나는 아무것도 두려워하지 않는다. 나는 자유인이다.

11월 29일 (금) 전일 선상 항해 세미나 2강 주제 : 우리의 미래는 장밋빛인가?

   일행 49명 자기소개 및 친교 시간 만찬(정장)

11월 30일 (토) 하이파 입항 텔아비브 거쳐 예루살렘, 눈물교회, 십자가의 길(1초소부터 14초소까지), 주기도문 교회 관광 후 귀선 (20:00) 선상 예배

12월 1일 (일) 나사렛으로 출발, 하이파시 - 갈멜산 - 나사렛 마

리아 수태고지(告知) 교회 - 가나 혼인 잔치 관광 후 갈릴리 바다 도착. 베들레헴. 베드로 수위권 교회에서 주일 예배 - 갈릴리 바닷가에서 물고기 뷔페로 식사. 예수 탄생교회 통곡의 벽

12월 2일 (월) 전일 세미나 3강 우리에게 어제(과거)란 무엇인가?
　　　　　4강 : 우리는 그리스도의 공동체다.

12월 3일 (화) 광풍과 파도로 아테네 방문 취소. 통전적(統全的) 해석 및 행복으로 가는 길
　　　　　Michael Jackson Show 관람

12월 4일 (수) 09:00 시칠리섬 매세나 항구 도착. 시실리 공연장
　　　　　Etna 화산 멀리서 봄. Fantasia show.

12월 5일 (목) 치비타베키아 항구 정박. 로마로 향함(1시간 30분 소요) 바티칸 베드로 성당(천지창조, 최후의 심판 등) 요한 성당 콜로세움, 트레비 분수, 스페인 광장

12월 6일 (금) 밀라노 시청, 두오모 성당, 부에노스아이레스 거리, 이스탄불 두 번 만에 착륙(복동) 긴장

12월 7일 (토) 18:50 인천 도착

MSC는 1988년에 창립된 지중해 상선회사 MSC(Mediterranean Shipping Company)로서 이탈리아 국적이며 스위스에 본사를 둔 선복량(船腹量) 기준 시장 점유율 1위의 해운사이다.

2013년 당시는 손꼽히는 초호화 유람선 MSC Fantasia호로서 선복량이 133,500톤으로 3천200여 명의 승객을 유치할 수 있고 1,320

여 명의 종사자(Crew)가 동승한다고 했다. 크기로 말하면 63빌딩을 눕혀 놓은 것 같으니 상상 초월이다. 맨 위층에 있는 수영장은 그 크기가 잠실 올림픽 수영장(관객석 제외) 정도이고 거기에 더하여 찬물, 더운물 나오는 크고 작은 탕 등은 놀라움 그 자체였다.

　인천공항을 출발하여 밀라노를 거쳐 제노바에서 MSC 소속 Fantasia에 승선했다. 이 배는 규모도 엄청났고 병원은 물론 극장과 오페라 공연장 등 2곳이며, 각종 오락 시설, 유흥장, 초보자를 위한 별도의 댄스 교습소, 기념품 가게, 휴게실과 수영장을 비롯하여 각종 운동 시설, 사우나, Fitness Club과 선체 주변으로 달릴 수 있는 조깅 트랙 등 시설이 완벽하게 갖춰져 있어서 불편함이 전혀 없었다. 날마다 발행되는 신문은 그날의 일정과 각종 이벤트와 선내 소개하는 기사 등으로 모든 정보들이 집약되어 있다. 여행 전에 들었던 외국어와 사교댄스 같은 그것도 문제가 되지 않았다. 3층 댄스 교습소에는 노련한 댄서들이 원, 투, 쓰리, 포 등 구령에 맞추어 기초부터 때로는 빠르게 또는 천천히 등 국적 불문 승객과 웃고 재미있게 교습시켜 주었다. 디너 파티와 이때만큼은 정장 차림을 해야만 했다.

　밤에는 항해하고 낮에는 명승지에 기항해서 관광했다. 기항(寄港) 시에는 공항에서 입 출국 수속을 하듯이 엄격하니까 늘 시간에 쫓겼고, 최소 2시간 전에 도착하여 승선 절차를 마쳐야 한다. 며칠 항해하니 벌써 육지가 그리워지기도 했다. 그리스의 카타콜론에 입항하여 고대 올림픽 발상지와 제우스 신전도 보고, 지중해의 진주라고 하는 크레타섬도 둘러보았다.

　기항지마다 노인들을 비롯하여 단기 코스를 즐기는 젊은이 등 여행객도 많았고, 그 지역에 사는 사람들은 참 편리하게 크루즈 여행을 즐길 수 있어서 좋게 보였다. 하이파 항에 정박한 뒤 성지 예루살렘, 나사렛을 관광하고 갈릴리 바닷가에서는 예수님이 잡수신 큰 생선구이도 맛보았다. 아쉬운 것 중의 하나는 예루살렘과 나사렛 등 성지에는 수많은 관광단체로 서로 뒤엉켜 안내자의 해설 듣기도 어려웠고 시간에 쫓겨 몇 장의 사진 찍는 거로 만족해야 했다.

　성지순례는 충분한 시간을 갖고 전문 여행사를 통해 별도로 해야 제대로 그 취지를 살릴 수 있다고 생각했다. 시칠리아에 도착해서는 메세나 항구에 정박했고 건너편에는 에트나 화산도 보였다. 까만 화산재가 섬 여기저기에 쌓여 있는 것도 눈에 띈다. 마지막으로 치비타 베키아 항구에 정박했고 로마로 이동, 바티칸시와 베드로 성당을 관광하고 배로 돌아와서는 하선 준비하기에 바빴다. 로마는 3번째 방문이었으나 구석구석 보려면 아직도 더 많은 시간이 필요했다.

　여행 기간 내내 산해진미(山海珍味)의 음식을 끼니마다 맘껏 먹을 수 있어서 더없이 좋았다. 특히 밤마다 전문 식당가에서는 이름도 낯설은 이탈리아, 프랑스를 비롯하여 세계적 유명 요리로 디너파티를 마음껏 즐길 수 있었다. 그리고 나서도 나는 14층에 있는 레

스토랑에 가서 지중해 산 각종 과일로 또다시 배를 채웠다. 여행은 잘 먹고 건강해야 좋은 경치도 눈에 들어오고, 웬만한 불만도 다 받아들일 수 있는 여유도 생긴다.

2주간의 여행을 마치고 귀국하니 체중이 2kg이나 늘었다. 동행한 일행들에게 맘껏 먹고 귀국해서 다이어트하면 된다고 부추기기까지 했다.

살지도록 잘 먹고 호화로운 여행을 하고 나서 6살 때 겪은 6·25 피난 시절을 떠올렸다. 부모님 손 잡고 피난길에 올랐을 때 경북 신령이란 곳으로 기억된다. 할머니는 배고파하는 나를 데리고 어느 집에 들어가서 꽁보리 주먹밥을 얻어 주셔서 맛있게 먹던 생각이 났다. 소금물에 적신 주먹밥이지만 꿀맛이었다. 잠시 전쟁으로 처참했던 시절의 기억이 떠올랐다.

효성 있는 아이들의 배려로 이렇게 호화롭게 관광했으니 감사한 마음이 들었다. 또 한편으로는 어렸던 시절 처참하게 못살고 굶주리던 옛 생각이 떠오르기도 하여 격세지감도 느꼈다. 어떤 일이 있어도 우리나라는 선진국이 되어 모든 국민이 여유 있게 자유인이 되고, 풍족한 생활을 누리면서 못사는 국가를 도와주는 1등 국민이 되기를 간절히 기원하며 효성 있는 아이들의 배려에 감사하며 또다시 도전과 각오를 새롭게 했던 잊지 못할 추억이 되었다.

크루즈선 MSC Fantasia호 17층 야외 수영장

MSC의 Fantasia호 전경

아테네의 유적

Fantasia 17층 제2의 야외 수영장

Fantasia 내부 휴게실

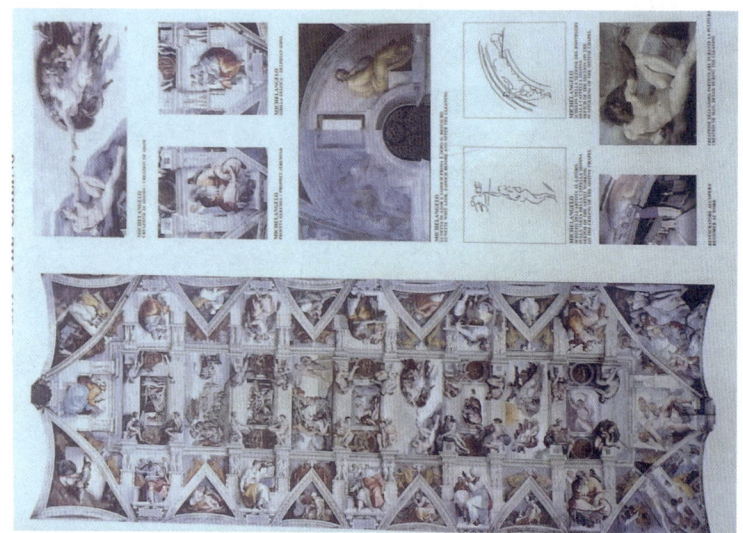

천지창조

베드로 성당

아테네의 올림픽 발상지

아테네의 올림픽 경기장 입구

5-4

100타의 겸손한 깨달음

"골프는 인생과 같다. 완벽하지 않기 때문에 아름다운 것이다."
– 아놀드 파머
"Golf is deceptively simple and endlessly complicated; it satisfies the soul and frustrates the intellect." – Arnold Palmer

1998년 미국 LPGA 투어 US 여자오픈골프대회에서 우승한 박세리 선수는 맨발 투혼으로 전 국민에게 벅찬 감동을 선사하며 국민 영웅으로 부상했다. LPGA 투어 25승의 대기록, 그리고 아시아인 최초, 역대 최연소의 나이로 명예의 전당에 이름을 올렸다. 그녀의 뒤를 이어 고진영 선수까지 한국 여자골프는 세계를 주름잡은 데 힘입어 인기 스포츠로 급부상했다.

지금은 골프가 대중화되어 인도어도 많고 어딜 가도 스크린 골프장이 성업 중이다. 필드에서 홀인원 하는 친구도 여럿 있다. 필드에서 홀인원 경력 없으나 스크린 골프에서 홀인원을 했다고 자랑하는 친구도 있다.

골프와의 첫 만남

　30여 년 전 화장품 회사 재직 시절, 서초동 사무실로 출근하니 낯선 골프채가 방 한가운데 놓여 있었다. 비서에게 물으니 회장실에서 온 것이라 했다. 회장님으로부터 하사된 선물이었다. 이제 공식적으로 골프를 하라는 무언의 허락을 받은 셈이다.
　그러나 본격적으로 골프를 치려면 연습은 물론 필드에 나가려면 시간과 경비가 녹록지 않으니 나에게는 감당하기가 힘에 겨웠다.
　회사에서 나오는 경비로 일부 충당할 수는 있으나 영세상들이 많은 우리 업종에서 사치에 불과하다는 생각도 들었다. 연습은 점심시간이나 퇴근 후 인근 인도어에서 했다. 운동 신경이 좋았지만, 욕심이 발동하여 생각만큼 진전이 되지 않아 흥미도 반감되었다. 제주에서 속칭 머리 올리는 절차도 밟았다. 운동을 마치고 돌아올 때는 비교도 되지 않는 실력에 크게 실망했다. 욕심이 앞서 힘이 들어가고 힘쓰는 만큼 거리는 나지 않았다. 연습 부족이긴 하나 힘을 빼는 데 3년은 걸린다고들 했다.

오란 씨 골프대회

　동아제약 고 강신호 회장님은 한국 마케팅 협회 회장으로 5천만의 피로를 회복시켜 준 박카스를 개발하셨다. 그 경험을 살려 회사 내에 식품 부서를 설치하여 음료인 오란 씨 파인을 발매시키셨고

4P 즉, Product(제품), Price(가격), Place(Distribution Channel : 유통 경로), Promotion(광고 판촉)의 하나인 Promotion에 전력하여 CM song도 만들어 라디오를 틀면 "하늘에서 별을 따다 하늘에서 달을 따다 두 손에 담아 드려요 아름다운 날들이여 사랑스런 눈동자여 오오오오 오란 씨"가 전파를 탔다. 이어서 상당한 비용을 투자하여 오란 씨 골프대회를 주최하는 등 사력(社力)을 집중했다.

프로 암 대회

골프대회는 국내 유명 재벌사가 거의 주최한다.

골프대회가 열릴 때면 주관사가 대개 하루 전에 프로 암(Pro-Am) 대회를 열어 시작 행사를 알린다. 참가하는 프로 선수들과 골프를 좋아하는 아마추어 저명인사들을 초치하여 친선 경기를 하는 것이 관례로 되어 있다. 회사 경영진의 한 사람으로 대회에 참가했다. 수많은 선수들과 골프 관객들 앞에서 시구하던 고급관료가 긴장한 탓인지 헛스윙과 실수로 10여 미터 정도로 대굴대굴 굴러가서 계면쩍어하는 것도 보게 되었다. 나도 외국 유명 프로 선수와 한 조가 되어 필드를 나가게 되었으나 늘 100개 이상 치는 처지였으니 나 때문에 Play가 지연되곤 했다. 처지가 난감한 경우도 가끔 발생했다.

서울대 초빙연구 임원 시절

도일규 전 육군 참모총장 정지태 전 상업은행장과 엄하용 전 포철 미국 현지법인 사장은 나와 함께한 서울대학교 경영대학 초빙연구 임원들이다, 1988년~1999년까지 약 2년간 학교에서 자주 만나는 사이였다. 우리들은 서로의 경험을 나누면서 식사도 자주 하는 등 친숙하게 지냈다. 한번은 부부 동반 골프를 치려고 경주로 갔다. 라운딩을 몇 번 하는 동안도 총장은 자주 OB(Out of Bound)로 날아가 버린 내공을 찾아 주니 미안했고 시간도 지체되었다. 그러니 내심 위축되고 OK를 자주 받았으나 스코어가 100점 안으로 친 적이 지금까지 손가락으로 헤아릴 정도에 불과했다. 그날은 누구나 하고 싶어 하는 소위 대통령 골프를 쳤으니 그나마 여유로웠다. 농구 선수 출신인 나도 운동 신경이 있다는 평을 들었으나 골프는 구력(球歷)과 연습, 또 경험의 비교 운동임을 실감했다.

Score가 성적으로 말해 주니 승부 기질이 있는 나는 자신과의 싸움에서 늘 불만이 많았고 그러다 보니 흥미도 반감되었다.

아마추어 중에서도 아마추어인 나 같은 사람이 하는 운동은 아닌 것 같았다.

"모든 일을 합력하여 선을 이루느니라 하나님을 사랑하는 자 곧 그의 뜻대로 부르심을 입은 자들에게는 모든 것이 합력하여 선을 이루느니라" — 로마서 8:28

5-5

모든 것을 비추는 고요한 거울

호수에도 4계절 있네.
지금은 엄동설한
음악에 맞춰 뿜어내던 분수는
동파 방지를 위해 멈췄고
물도 모두 빼 버렸으니 황량(荒涼)하기
그지없다.

이제 벚꽃 피고 목련화 피는
새봄이 오면 호수는
푸른 물로 가득 채워지겠지.
분수도 뿜내고 온갖 형상으로
가득 찰 것이다.
각종 새가 날아오고
아파트도 아름다운 다리도
산(山)도 땅도

모두 모두 푸른 물에 비추일 것.

뭉게구름도 비행기도 날짐승도
건강 위해 달리는 사람
반려견과
산책 즐기는 사람
온갖 사연으로 호수는
북적일 테지.

밤이 되면 빛나는 별도
때맞춰 뜨는 초승달부터
인물 좋은 보름달까지

나무들이 비춰지고
때로는 불어오는 바람결에
잔잔한 물결이
조용하던 호수를
일렁이게 한다.

없는 것이란
자기 감정과 느낌과
선악(善惡)과

희로애락(喜怒哀樂)을
표현하는 자체 소리뿐

비춰지는 것이 있다면
호수는 삼라만상으로
가득 차리라.

양주 옥정 호수공원 도서관에서

5-6

다음 세대에게 물려줄 유산

○ 목적 있는 삶을 살아가는 R기연으로 거듭나자

"목적이 없는 삶은 나침반 없는 항해와 같다." – 톰 카네기

"The purpose of life is not to be happy. It is to be useful, to be honorable, to be compassionate." – Ralph Waldo Emerson

강영구 초대 사무총장, 창립 19주년 맞아 조직 혁신 비전 제시

"회개의 심정으로 뚜렷한 장기목표를 설정해야 할 때"

대한민국 ROTC 기독장교연합회(R기연) 강영구 초대 사무총장(6기)이 2025년 6월 8일 창립 19주년을 맞아 조직 혁신을 위한 포괄적인 비전을 제시했다.

강 사무총장은 이날 발표한 기고문을 통해 "해마다 6월이 오면 남

달리 감회가 새롭다"며 "2006년 6월 8일은 대한민국 ROTC 기독장교연합회의 창립을 대내외에 선포하고 힘찬 발걸음을 내디딘 달"이라고 창립의 의미를 되새겼다.

19년 여정의 성찰, "힘이 크게 부족했다"

R기연은 2006년 창립 이후 올해로 19년째를 맞았으며, 내년 20주년이라는 중요한 이정표를 앞두고 있다. 강 사무총장은 "창립한 지 19년이 되었고 20주년을 준비해야 하는 중요한 시점에 와 있다"며 현재 상황의 중대성을 강조했다.

그러나 지난 19년간의 여정에 대해서는 솔직한 자성의 목소리를 내놨다. "해야 할 일은 많았으나 우리에게는 그를 담당할 힘이 크게 부족하였다"고 고백하며, 그 원인을 구체적으로 분석했다.

5가지 문제점 진단… "신앙적 우선순위 실종"

강 사무총장은 조직이 직면한 문제점을 5가지로 세분화해 진단했다.

첫째, 우선순위의 전도를 지적했다. "모든 것에 앞서 '너희는 먼저 그 나라와 그 의를 구하라'(마태복음 6:33)는 말씀을 실천하지 못했다"며 신앙적 우선순위가 제대로 설정되지 않았음을 인정했다.

둘째, 형식주의와 물질주의 편향을 문제로 제기했다. "하나님의 뜻에 순종치 못하고 형식과 물질에 치우쳐 믿음으로 나타나는 증거가 크게 부족했다"고 평가했다.

셋째, 목회적 돌봄의 부재를 지적했다. "소명의식의 결여로 낙심하고 실망에 젖어 있는 회원들에게 치유와 희망을 전하는 일에는 소홀했다"며 회원들에 대한 영적 돌봄이 미흡했음을 반성했다.

넷째, 정체성 혼란을 문제로 제기했다. "ROTC 기독인의 정체성(믿음과 기도)을 확립시키지 못했고 무게 중심이 세상일에 편승하는 경향이 있었다"고 진단했다.

다섯째, 차별화 전략 부재를 지적했다. "ROTC의 특성을 살려 차별화해 내지 못했다"며 조직 고유의 특성을 발휘하지 못했음을 인정했다.

"5대 차별화" 장기목표 제시… 조지 뮬러의 기도 원칙 도입

이러한 문제 진단을 바탕으로 강 사무총장은 "회개의 심정으로 R기연의 뚜렷한 장기목표 설정을 제안한다"며 '5대 차별화' 전략을 발표했다.

1. 기도 중심 조직으로의 변화

첫 번째 목표는 "믿고 있는 사람들의 소원인 예수님을 만나고 소통하기에 전력하자"는 것이다. 이를 위해 5만 번의 기도 응답을 받은 것으로 유명한 조지 뮬러 목사의 5가지 기도 원칙을 조직 차원에서 실천하기로 했다.

구체적인 원칙은 ▲주님의 십자가 공로만 의지하기 ▲모든 죄악을 진심으로 고백하고 멀리하기 ▲약속의 말씀을 확증으로 믿기 ▲하나님 뜻에 일치되게 기도하기 ▲끈기 있게 간구하면서 기다리기 등이다.

2. 영적 은사 개발에 집중

두 번째 목표는 "교회의 덕을 세우는 예언과 자기를 위한 방언 은사 받기에 힘쓰자"는 것으로, 회원들의 영적 성장과 은사 개발에 조직적으로 노력하겠다는 의지를 보였다.

3. 정기적 회개와 각성 시스템 구축

세 번째 목표는 "때마다 회개와 각성의 시간을 갖자"는 것이다. 이를 통해 ▲세속화를 배격하고 ▲장기적 관점에서 인재 육성에 힘쓰겠다고 밝혔다.

4. 장기 프로젝트 추진… 30주년 기념 '성령교회' 설립

네 번째 목표는 두 가지 장기 프로젝트로 구성됐다.

먼저 "ROTC 성령교회(10년 뒤) 설립에 착수하자"며 이를 30주년 기념사업으로 추진하겠다고 발표했다. 이를 위해 "기부 은사(재능과 물질 등)"를 활용하겠다고 밝혔다.

또한 "통일 대비 선교위원회(북한 선교위원회 확대 개편)"를 통해 통일 시대를 대비한 선교 활동을 체계화하겠다고 했다.

5. R기연 고유 정신 확립

다섯 번째 목표는 "R기연 만의 정신 확립"이다. 이를 위해 구약성경의 여호사밧 왕을 모델로 제시했다. 여호사밧 왕은 열왕기에서 부국강병을 이룬 인물로 기록되어 있다.

"사람을 남기고, 일을 남기는 조직으로"

강 사무총장은 조직의 궁극적 목표에 대해 "착하고 충성된 종으로 돈을 남기는 것은 적은 것이요, 사람을 남기는 것은 큰일이요, 일을 남기는 것은 주님과 함께 같은 길을 가는 것이니 더 큰 보람이 있다"고 철학을 제시했다.

이는 R기연이 단순한 동문 조직을 넘어 사회적 영향력을 행사하고 영적 유산을 남기는 조직으로 발전하겠다는 의지를 보여 주는 것으로 해석된다.

20주년 앞두고 전환점 모색

이번 기고는 R기연이 창립 20주년을 앞두고 조직의 정체성과 방향성을 근본적으로 재정립하려는 시도로 평가된다. 특히 종교적 정체성을 바탕으로 한 사회적 사명 의식을 강조하면서도, 구체적인 실행 방안을 제시한 점이 주목된다.

강 사무총장의 이번 제안이 회원들에게 어떻게 받아들여질지, 그리고 실제 조직 운영에 어떤 변화를 가져올지 관심이 모아지고 있다.

대한민국 ROTC 기독장교연합회는 2006년 6월 8일 창립된 ROTC

출신 기독교 장교들의 연합 조직으로, 군 복무를 마친 기독교 장교들의 신앙 공동체 역할을 해 왔다.

기사 정리 : ROTC 기독장교 연합회 영상홍보 위원장 16기 이동갑

"여호와의 눈은 온 땅을 두루 감찰하사 전심으로 자기에게 향하는 자들을 위하여 능력을 베푸시나니" ― 역대하 16:9

○ **자기 계발과 실천 계획**

"성공하는 사람은 목표를 세우고, 실패하는 사람은 변명을 만든다." ― 벤자민 프랭클린
"By failing to prepare, you are preparing to fail."
― Benjamin Franklin

경쟁사회에서 누구나 자기 발전을 위해서는 크든 작든 일을 성취하려면 일에 임하는 태도와 마음가짐은 대단히 중요하다.

경쟁사회에서 누구나 자기 발전을 위해서는 크든 작든 일을 성취하려면 일에 임하는 태도와 마음가짐은 대단히 중요하다.

첫째 : 구체적이며 실행 가능한 목표를 설정하는 것이다. 목표를 설정한다는 것은 기준을 정하는 것이다. 구체적인 목표는 이 기준을 명확하게 해 놓는 것이다.

둘째 : 목표 설정은 6하 원칙에 의해 문자화하는 것이다. 무슨 일을 언제까지 어떻게 실천한다는 계획서가 없다는 것은 실패를 계획하는 것이나 다름이 없다.

셋째 : 끊임없는 자기 계발을 통해 능력을 향상시켜야 한다. 관심을 가지고 인터넷을 통해 살펴보면 AI와 메타버스 등 경제나 각종 학술단체에서 시행하는 연구 발표나 세미나는 엄청나다. 이를 통해 전문 지식을 습득하고 변화하는 시대에 적응시켜 나가야 한다.

이를 위해 평소 다음과 같은 구체적인 실행 계획을 수립한다.

자신감과 활력을 드러내기 위해 항상 큰 목소리와 빠른 걸음을 유지한다. 이는 주변 사람들에게 긍정적인 인상을 주고, 나 자신의 자신감을 강화하는 데 도움이 된다.

예를 들어 큰 목소리로 말한다는 것은 자신감 있는 태도이며, 빠른 걸음은 활력 있고 적극적인 인상을 준다. 세미나 참석 등 모임에서 앞자리에 앉는 것은 집중력을 높이고 강연자와 소통 기회를 늘

리게 될 수 있다. 또한 발표자에게 질문을 하는 것은 비판적 사고와 명확한 의사소통으로 자기 발전에 도움이 된다. 내가 하고 싶어 하거나 흥미를 가지려는 분야에는 경쟁자가 있기 마련이고 경쟁자가 있어야 발전하는 것이고, 나보다 더 나은 사람이 발전한다는 사실을 직시하고 꾸준히 성장하려는 자세를 가져야 한다. 적극적인 사람들의 특징은 그 분야에서 주도적 역할을 선호하고, 가능하고도 구체적 목표를 세우고 이를 실천해 나가며, 작은 변화들이 쌓이면 결국 큰 성장을 이루게 된다.

적극적인 태도를 통해 개인적, 직업적 성장을 이루는 것은 중요한 목표이다. 이를 위해 다음과 같은 구체적인 실행 계획을 수립해서 실천한다.

1. 자신감 있는 목소리와 빠른 걸음

자신감과 활력을 드러내기 위해 항상 큰 목소리와 빠른 걸음을 유지한다. 이는 주변 사람들에게 긍정적인 인상을 주고, 나 자신의 자신감을 강화하는 데 도움이 되기 때문이다.

2. 세미나 참석 시 앞자리 앉기

새로운 지식과 기술을 습득하기 위해 세미나나 워크숍에 적극적으로 참여하며, 항상 앞자리에 앉는다. 이는 발표자의 말을 명확히 듣고, 집중력을 높이며, 적극적인 참여를 가능하게 한다.

3. 질문 잘 하기

모르는 것이나 이해가 부족한 부분이 생기면 즉시 질문하여 명확히 이해하려고 노력한다. 질문을 통해 더 깊은 지식을 얻고, 적극적인 학습 태도를 기를 수 있다.

4. 경쟁자 의식하기

경쟁자가 있다는 사실을 인식하고, 이를 발전의 기회로 삼는다. 다른 사람의 장점을 배우고, 나 자신을 개선하며, 더 높은 목표를 향해 나간다.

5. 적극적인 사람의 특징 살리기

항상 긍정적인 태도로 주변 사람들에게 영향을 미치고, 적극적인 행동을 통해 변화를 이끌어 낸다. 이는 개인적인 성장뿐만 아니라, 조직이나 팀의 발전에도 기여한다.

이러한 구체적인 실행 계획을 통해 적극적인 성장을 이루고, 더 나은 나 자신을 만들어 나갈 계획이다.

"무릇 지킬 만한 것 중에 더욱 네 마음을 지키라 생명의 근원이 이에서 남이니라" — 잠언 4:23

5-7

칠우가(七友歌)

침침한 눈이라도 다투어 올라오는

새싹의 생기를 볼 수 있는 시각(視覺)

불어오는 산들바람에 실려 오는

풋풋한 봄 냄새를 구별할 수 있는 성능 좋은 후각(嗅覺)

저 멀리 어디선가 들릴 듯 말 듯한

이름 모를 새소리까지도 들을 수 있는 청각(聽覺)

준비해 온 각종 과일과 주전부리로

입맛을 돋우는 미각(味覺)

따사로운 햇볕과 완연한 봄 느낌에

민감한 촉각(觸覺)이 있어서 좋다.

그뿐만 아니라

산 넘고 물 건널 때 돌발 상황 대비용 지팡이와

상춘(賞春)을 함께한 20여 명

초로(初老)의 남녀 친구들이 있어서 더욱 좋다.

새싹, 봄 냄새, 새 소리, 맛있는 음식, 햇빛, 지팡이와

동행(同行)한 친구들은
절로 칠우(七友)가 된다.
흥겨운 곡을 붙이면 멋진 칠우가(七友歌)가 되리라.
모처럼 유쾌한 회암사 나들이이었다.

2025년 4월 15일 양주 회암사지에서

5-8

선각자(先覺者)의 교훈 외

○ 도산공원

"나라를 위하는 일은 거창한 것이 아니다. 작은 일에서부터 정성을 다하는 것이 애국이다." — 도산 안창호
"True patriotism is not about grand gestures, but about doing small things with great sincerity for one's country."
— Dosan Ahn Chang-ho

우성회(友星會)는 동아소시오 그룹의 임원 출신 모임이다. 1998년 5월에 발기되었으니 거의 28년의 역사를 가진 친목 모임이고 회원도 78명에 이르고 있다. 회사 생활이 거의 20~30여 년간이니 서로 미운 정 고운 정이 든 사이다. 모사를 비롯하여 십수 개의 회사 출신들이나 최종 직급은 임원이라서 대부분이 비슷하고 재직 시 상하 관계와 입사를 따져 동기나 선후배 사이라서 보이지 않는 위계질서도 있고 인간관계가 아주 깊다고 할 수 있다. 또한,

회사 재직 시는 선의의 경쟁이 극심하여 라이벌로서 긴장 상태가 있을 때도 있었다. 나이도 60, 70, 80대가 되었고 퇴직해서 이해관계를 초월하여 매월 모이다 보니 이제는 정도 깊게 들고 때로는 형제의 우애 같은 마음을 느낄 때도 있다. 인원이 많으니 모임 장소 구하기도 쉽지는 않으나 한번 정하고 나면 수년을 같은 장소에서 치를 수밖에 없다. 또한, 취미가 같은 사람들끼리 소그룹 모임도 있다. 역사기행의 소그룹 활동은 김재화 전임 회장의 주도로 전국의 명승 유적지를 탐방하고 오늘은 108회 모임으로 도산공원 내 안창호 기념관(강남구 도산대로 : 신사동 소재)을 심도 있게 알아보는 뜻 있는 날이었다. 요즘 한국 정치 상황이 극도로 복잡하게 전개되어 한 치 앞을 내다볼 수 없는 위기의 때인 만큼 애국자 도산 안창호 선생의 발자취를 둘러보는 것은 참으로 의미 있는 행사였다. 도산 선생의 생애와 구국, 독립운동의 발자취는 인도의 간디와 비견되는 위대한 사상가임을 우리는 자랑스럽게 생각한다. 특히 그의 어록 중에는 "진리는 반드시 따르는 자가 있고, 정의는 반드시 이루는 날이 있다. 나는 밥을 먹어도 대한의 독립을 위하고, 잠을 자도 대한의 독립을 위해 살아왔다. 오렌지 하나라도 정성껏 따는 것이 나라를 위하는 것이다." 그중에서도 "우리 중에 인물이 없는 것은 인물이 되려고 마음먹고 힘쓰는 사람이 없는 까닭이다."라는 말씀은 두고두고 내 마음에 긴 여운을 남길 것 같다. 내가 40여 년 전 서초동에서 십수 년을 살았고 아이들 셋 모두가 초등학교부터 대학까지 이 지역 출신이고 가까운 도산대로의 신사동이지만 45년 전 미국이나 일본을 처음 방문했을 때 받은 충격을 느꼈다. 세계적 기업 브랜드가 즐비했고 지금은 도로나 지하철의 에스컬레이터 등은 세계 최고 수준이다. 마지막 행사는 강남구보건소 옆의 북창동 순두부집에서 고등어구이와 제육볶음에 소주와 막걸리로 대미를 장식했다. 아침 09시 집에서 출발하여 옥정동 집에 귀가하니 17시 30분. 오늘은 모처럼 느껴 보는 유쾌하고 상쾌한 나들이었다.

"의를 행하는 것이 여호와께서 제사와 희생보다 기뻐하시는 바니라" ─ 잠언 21:3

○ 6월 장마

꽃피던 5월도
홀연히 꼬리를 감추고
신록의 6월에 푸르름을 덧칠하네.
걷힐 줄 모르는 구름 떼가 몰려들고
젖은 옷 말릴 새 없이
또 비는 뿌리는데

산천초목이야 좋아라 하고
생기발랄 생명력이 왕성하고

화마(火魔) 걱정 없으니 좋기는 하다마는
궂은비여
이왕이면 밤에만 뿌려 주고
낮 비는 참아 잠재우렴.
물가고에 물 폭탄에
힘들어 우는 영세상인과
택배기사들 벌이에
인정사정(人情事情) 봐 주렴.
과유불급이라 너도 알아주렴.

혹시라도
태풍이라도 밀려오면
이 사정 어이 하리
제발 그런 전쟁은
만나지 않게 해 주렴.

○ **바다 같은 갈릴리 호수**

지구상에서 가장 넓은 호수는 카스피해
한반도 면적의 1.7배(371,000㎢)니
바다라 불러도 가히 손색이 없다.

갈릴리 호수

유럽과 아시아 대륙 사이에 위치할 뿐만 아니라
러시아 카자흐스탄 등 4개 국가에 연해 있다.
캐나다와 미국 사이에 위치한 5대호도
245,000㎢니 한반도 면적의 1.1배
크기도 대단해
차라리 바다라 불러도 될 듯하네
오늘도 호수 도서관 3층 동아리 모임에서
물 빠져서 썰렁한 작은 호수를 내려다보며
불현듯 생각나는 것은
성지순례 갔을 당시

어부 베드로가 갈릴리 바다에서
한 마리의 고기도 잡지 못하고 있을 그때
예수께서 우편에 그물을 던지라 해서
무조건 순종한 결과
그물이 찢어질 정도의 물고기를
잡고 보니 153마리나 되었지
옥정동 호수 도서관에서
여기저기 채 녹지 않은 잔설(殘雪)을 보니
한층 더 을씨년스럽다.
맹추위가 지나갔고
설 명절도 눈앞이니
봄도 멀지 않으리라
분수도 뿜고 오리도 한가롭게
헤엄치는 그 봄이 기다려진다.

지중해의 낙조

5-9

기술이 가져온 편리함과 그 너머

○ **기술 발전과 일상(日常)의 편리**

"기술은 우리 삶을 편리하게 만들지만, 진정한 가치는 그것이 어떻게 인간의 마음을 따뜻하게 하느냐에 있다." — 스티브 잡스
"Technology is nothing. What's important is that you have a faith in people, that they're basically good and smart."
— Steve Jobs

십수 년 전 생전의 어머니와의 대화다.
"어머니 요즘 세상에 가장 고맙게 느끼시는 것이 있으시면 어떤 것들이 있나요?"
어머님은 잠시 머뭇거림도 없이 말씀하셨다.
"냉장고, 전기밥솥, 세탁기, 전기다리미, 전자레인지와 수돗물"이라고 하셨다.

그 이야기를 듣고 어릴 때를 회상해 보았다.

당시는 남녀 역할이 구분되어 밥 짓고 빨래하는 것은 여자의 몫이고 다는 아니지만 농사짓고 장작 패는 것과 밭일은 주로 남자가 담당했다.

당시 5일장에 가 보면 지금은 볼 수 없는 지게에 솔가리 장작 등을 지고 와서 길가에 세워 놓고 판매하는 사람들이 눈에 띄었다. 그 나무 장사꾼은 한 지게를 땔감으로 팔아서 막걸리 한잔하고 저녁 때가 되면 고등어 한 손을 지게에 달고 흥에 겨워 발걸음도 가볍게 걸어가는 모습을 흔히 보았다.

내가 경험한 우리나라 땔감의 변천사가 시작된 시점이다. 집집마다 장작과 솔가리를 마당 한 모퉁이에 쌓아 놓고 하루 세 끼 밥 짓는 것을 비롯하여 겨울이면 난방용으로 때로는 빨래 삶는 용도로 사용했다. 5·16 이후 식목(植木)과 산림녹화(山林綠化)가 강조되면서 입산금지(入山禁止) 팻말이 여기저기 세워지고 땔감은 연탄이 그 자리를 대신하게 되었다. 연탄이 나오기 전까지는 잠시 죽데기나 제재소에서 나온 톱밥으로 풍로를 사용하여 밥 짓고 빨래하곤 했던 기억이 난다. 농번기가 되면 우리나라 아낙네들은 눈코 뜰 새 없이 바빴다. 마을 공동 우물가서 물을 길어 세 끼 밥 짓는 것은 기본이고 아침과 점심 사이에 새끼 참을 머리에 이고 일꾼들이 일하는 논밭까지 오가면서 이어 날랐다. 새벽일을 시작한다면 네 번을 왕복했고 일꾼들 저녁밥은 집에서 들게 되고 설거지 등 농번기 여인들의 밥해대기 노동을 마치면 그야말로 아낙네들은 녹초가 되었다.

그뿐만 아니라 냉장고도 없으니 반찬을 미리 많이 만들어 놓을 수도 없었다. 보리쌀을 미리 삶아 놓은 뒤 나중에 쌀을 얹어 밥을 했으니 횟수로는 끼당 두 번 하는 것과 같게 된다.
구공탄이 나오면서 상황은 많이 개선되었다. 꺼트리지만 않는다면 24시간 끓는 물을 사용할 수 있으니 얼마나 편리했겠는가? 그러나 부작용도 만만치 않았다. 연탄으로 인한 화재 사건과 가스 중독 사망 사고는 신문에 자주 오르내리게 됐고 연탄 보급에 따른 피해는 매스컴을 통해 보도됨으로써 경각심을 일깨워 주었다. 자나 깨나 불조심이란 포스터가 어딜 가나 붙어 있었다.

수돗물과 세탁기도 아낙네들을 중노동에서 헤어나게 하는데 크게 기여했다. 집집마다 우물 있는 것도 아니고 마을마다 몇 개의 공동 우물이 즉 두레박, 도르래, 펌프 순서대로 발전했다. 공동 우물은 식수는 물론이고 아낙네들의 빨래터가 되기도 했다. 한겨울이면 그 빨래터가 개울가로 옮겨진다. 얼음을 깨고 손을 호호 불어가며 고생하신 우리 어머니들이셨다. 이불 빨래라도 하게 되면 그야말로 대대적인 작업이 된다. 초벌로 빨고 양잿물로 삶아서 햇볕에 말리고, 그 뒤 풀을 먹여 숯불 다리미로 다려서 솜을 넣고 나서야 일이 끝난다. 요즘은 의류 기술의 발달로 세탁하고 말려서 곧장 입을 수 있는 질 좋은 옷감이 많으니 그것도 일손을 많이 덜어 주고 있다. 학교는 펌프가 설치되어 있어서 시작은 마중물을 몇 번이고 시도 끝에 펌프질해야 물이 올라와 갈증을 해결할 수 있었다.

이래저래 끊임없이 발전되고 편리한 세상 되니 고생 많으셨던 내 어머니 세대를 회상해 보면서 새삼스럽게 눈시울이 붉어진다.

> "주 너희 하나님이 너희에게 주신 모든 좋은 것을 인하여 너희와 너희 집이 즐거워할지니라" — 신명기 26:11

○ **반려(伴侶)동물**

> "동물을 사랑하는 사람은 인간의 마음을 이해하는 사람이다."
> — 이마누엘 칸트
> "He who is cruel to animals becomes hard also in his dealings with men." — Immanuel Kant

10여 년 전 오스트레일리아 퀸즐랜드 주의 수도 브리즈번에 장기간 체류할 때다. Carindale 쇼핑센터에 가면 그 넓은 매장의 1/3 정도가 반려견 용품들로 채워져 있었다. 나에게는 참으로 생소했다.

반려동물이 쓰는 일용품이, 사람을 위한 일용품과 같이 진열대마다 꽉꽉 채워져 있었다. 빼어난 경관과 별장이 즐비하고 집집마다 요트가 정박해 있는 누사(Noosa), 멋진 해수욕장과 창공을 수놓는 행글라이더 동호인들과 황금빛 모래와 푸른 바다를 여유롭게 즐기는 수영장 한쪽 편엔 개들의 전용 해수욕장이 개설되어 있다. 큰놈 작은 녀석 등 반려견들과 사람이 어울려 함께 즐긴다. 어떤 녀석은 왜소(矮小)한 송아지만큼 큰 녀석도 있다.

동네마다 공원이 개설되어 있고, 아침저녁이면 반려견과 주민이 함께 산책을 한다. 어린 강아지부터 덩치가 커서 무서움이 느껴지는 개들도 있는데 주인과 개들이 마치 연인인 양 사이가 좋아 보인다.

내가 어릴 땐 개가 방에 산다는 것은 상상도 할 수 없었다.

지금은 어딜 가더라도 반려동물 업(業)이 성업 중이다. 심지어 개 호텔까지 있다. 고급 개 먹이는 물론 개 영양제, 간식, 부자 주인 만나면 사람보다 더 대접받는 개도 있다. 개 내과, 개 정형외과 등 병원도 개설되어 있다. 때가 되면 예방주사 맞혀 주고, 수시로 목욕도 시킨다. 사람보다 더 많은 치료비가 들 때도 있단다.

각종 기사를 보면 사람보다 호강을 누리는 개도 많다. 개가 입는 화려한 펫 패션, 펫 미용실, 펫 카페, 펫 목욕탕, 펫 신발, 펫 쇼 등 '펫'이라는 글자가 붙는 말도 늘어만 간다. 뉴스 보도에 의하면 경북 영천 부근 절에서는 반려동물 49재도 열린다고 한다.

그뿐만 아니라 메타버스와 AI를 도입한 반려동물 복제 서비스도 성업을 이룰 전망이다.

2021년 KB 경영보고서에 의하면, 우리나라에서도 604만 가구가 반려견을 키우며 전체 가구 수의 29.7%나 된단다. 586만 마리에 드는 비용도 4조 원이 넘는다. 아파트에도 함께 살고 있으니 가족의 일원이다.

반려동물 키울 의향 있는 사람까지 합치면 50%에 육박하고
취학아동도 감소하고 있으니 선생님도 줄고
늘어나는 것은 강아지 교육 선생과 반려동물 사업에 관계되는 것들이 많단다.
동물 친화력 시설도 늘어만 가고 성업 중이다.
강아지 운동장, 동물병원 상시 할인 코너, 장묘시설, 유골함, 의상 코너
유모차가 개모차로 바뀌고, 외국에선 반려견 복제비로 6,000만 원을 지출했다는 소식도 들린다.
고독한 노인을 위해 반려 로봇이 대화 상대로까지 진화하고 있으며
2018년 영국에서는 외로움과 고독 문제 해결키 위해 내각에 외로움 담당부가 설치되고
장관도 임명되었다고 한다.
이젠 반려동물도 가족이 되고 가족에 대한 개념이 바뀌고 있다.
예전에 비해 친구도 소수이면 되고 반려동물이 빈자리를 메우고 있다.
첨단기술로 반려동물과 연계한다면 유망사업이 될 수 있을 것이다.

서구화가 되어 가고 있는 우리 사회도
갈수록 이웃과는 멀어지고 반려동물들과는 격이 없어지는 세상이 다가오고 있다.
호주에 사는 동포들은 말했다.
"호주는 심심한 천국이요, 한국은 재미있는 지옥"이라고
세상이 변해도 참 많이 변해 가고 있다.

> "하나님이 땅의 짐승을 그 종류대로, 가축을 그 종류대로, 땅에 기는 모든 것을 그 종류대로 만드시니 하나님이 보시기에 좋았더라" ― 창세기 1:25

○ 이제는 지성(智性) 시대

> "고객은 제품을 사지 않는다. 그들은 자신의 문제에 대한 해결책을 산다." - 필립 코틀러
> "Customers don't buy products; they buy solutions to their problems." - Philip Kotler

소위 감성시대의 특징인 대중매체의 출현은 대량생산 대량 소비 시대를 불러왔다. 이는 고도 경제 성장과 소비자들의 교육과 생활 수준의 향상으로 풍요로운 세상을 만들었다. 그러나 대량 소비시

대도 각종 경쟁자의 출현으로 한계에 직면했다. 고도성장은 둔화되고 AI와 메타버스 등장으로 다변화된 새로운 정보사회는 지식과 감성이 중시되는 지성(智性)시대로 변모해 가고 있는 중이다.

필립 코틀러의 마케팅 철학

80권의 저서와 160편의 논문을 발표해서 마케팅의 아버지로 불리는 노스 웨스턴 경영대 교수를 역임한 필립 코틀러는 고객 경로의 진화 과정을 설명하면서 시장지배는 지성을 중시하는 고객에게로 권력이 이동되는 과정이라 했다.

고객이야말로 기업의 생존과 성장 발전에 필수 요소라는 이 말은 수긍이 간다.

고객이 외면하면 버틸 재간이 없다. 그래서 생겨난 말이 '고객은 왕이다. 고객은 신이다.'라고 고객의 위상을 간단하게 정의했다.

고객 관계의 새로운 패러다임

따라서 기업은 고객과 좋은 관계를 유지하기 위해 필사의 노력을 기울인다. 아무리 좋은 제품을 만들어도 그 가치와 우수성을 알려서 상품화하지 않으면 어려움에 직면하게 된다. 단시간에 소비자를 만나 설득해 나가기 위해서는 15~20초로 TV와 신문잡지 광고로는 부족하다. 어떻게 하면 기존의 확보된 고객과 좋은 관계를 유지하고, 새로운 고객을 획득하느냐? 하는 문제에 기업은 영일(迎日)이 없다. 얼마 전까지만 해도 대량 소비를 위해 대량 광고가 통하는 시절이 있었다. 재고가 넘쳐날 때 광고 전략과 할인 정책으로 창고를 비워 버리는 경우도 있었다. 그러나 이젠 고객도 세분화되고, 단지 싸다고 필요도 없는 상품을 사지 않고 다소 비싸더라도 나만의 차별화되는 상품을 요구하는 시대가 되었다.

4차 산업혁명과 뉴미디어 시대

4차 산업혁명 시대에 접어들면서 기존의 마케팅 환경을 엄청나게 바뀌어 가고 있으며

광고의 4대 매체라고 할 수 있는 TV, Radio, 신문, 잡지 등은 그 영향력이 줄어드는 대신 스마트 기기에 콘텐츠를 연결하는 뉴 미디어가 시시각각 등장하여 그 영향력을 넓혀 가고 있으며 첨단기술이 광고 효과를 크게 높이고 있다. 여기서 말하는 EVENT란 기업이 그 가치를 화제(話題)나 이야깃거리로 만들고 소비자들도 그것을 수용해서 쌍방의 욕구를 충족시키는 친화적인 행사를 말한다.

Inside Out에서 Outside In으로

그뿐만 아니라 경쟁사에 비해 우리 회사의 역량을 알려서 매출을 올리는 소위 인사이드 아웃(Inside Out)에서 시장 점유율을 높이고

성장해 왔으나 지금과 같이 무한 경쟁 시대에 살아 남기 위해서는 관점을 바꾸어 세분화된 고객의 목소리와 요구(Needs)를 철저하게 파악하여 아웃사이드 인(Outside In)의 콘셉트를 광고나 선전에 반영해야 할 것이다.

EVENT팀의 역할과 중요성

고객이나 잠재고객에게 관심을 얻고 상품의 가치를 제대로 알리기 위해서는 훈련된 전문적인 Event team을 조직, 즉각적이고 효과적으로 대처해야 한다. "언제, 어디서, 누구에게나"(Whenever, Wherever, Whoever)라는 Slogan을 걸고 불특정 다수인에게 관심을 끌 수 있는 행사나 사건을 만드는 계획을 수립해야 한다.

여기에 착안하여 EVENT팀이라는 특별하고 새로운 조직으로 스포츠 행사나 전시회, 워크샵, 경연, 스폰서십 등을 회사가 직접 주관하는 조직이 만들어지고 있다. 기업과 제품의 호의적 평판을 받도록 의미를 만들거나 기획된 일체의 행사를 통해 일선 영업부서를 지원하며 기업과 브랜드의 평판을 제고시키는 마케팅 활동을 수행한다. 말하자면 군대의 특공대로 운영 여하에 따라서는 엄청난 효과와 실적 제고에 크게 기여할 수가 있다.

통합 마케팅 커뮤니케이션

목표 고객들을 표적으로 광고, 판촉, DM, Event, 인적판매, PR, Sampling, 스폰서십, 보도자료(News Release) OTT 등 다양한 촉진 수단들을 종합적으로 활용함으로써 목표 소비자들에게 광고로 한계에 직면한 문제점을 극복하고 이를 매출로 연결시키며 시장에 침투하여야 한다.

매체를 통해 알려진 유명인이나 모델이 행사장에서 사인회나 샘플링 또는 판촉 행사에 적극 나선다. 고객과 직접 소통하고 그 가치를 알려 친밀도를 높이는 것을 우리는 흔히 볼 수 있다. 박람회, 강습회, 스포츠 행사와 운동 경기장은 물론이고, 여름이면 유명 해수욕장이나 사람이 모이는 곳에 이런 행사가 많고, 그 장소에서 상품을 직접 체험하면서 유쾌한 시간을 보낸다. 이런 이벤트를 위해 기업은 주도면밀한 계획을 세우고 사전 홍보 활동과 광고 선전에 아낌없이 투자한다. 세계적 행사부터 호텔에서의 사인회 등은 기업의 이미지를 높이고 확실하게 고객을 확보하는 계기를 만든다. 행사를 위한 샘플도 만들어 제공하며 설명과 함께 최고의 서비스를 제공한다.

"지혜 있는 자는 듣고 학식을 더할 것이요 명철한 자는 지략을 얻을 것이라" — 잠언 1:5

5-10

유머와 여유, 삶의 또 다른 정상

○ **쉬었다 가는 코너 1**

재미있는 법칙들

1) 머피의 법칙 :
잘못될 가능성이 있는 것은 반드시 잘못된다.

2) 겁퍼슨의 법칙 :
일어나지 말았으면 하는 일일수록 잘 일어난다.

3) 질레트의 이사 법칙 :
지난 이사 때 없어진 것은 다음 이사할 때 나타난다.

4) 프랭크의 전화 법칙 :
- 펜이 있으면 메모지가 없다.

- 메모지가 있으면 펜이 없다.
- 둘 다 있으면 적을 메시지가 없다.

5) 마궤트의 목수 제3 법칙 :
찾지 못한 도구는 새것을 사자마자 눈에 보인다.

6) 코박의 수수께끼 :
전화번호를 잘못 눌렀을 때
통화 중인 경우는 없다.

7) 마인스 하트 법칙 :
타인의 행동이 평가 대상이 되었을 때, 마음속으로 좋은 인상을 심어 주면 꼭 실수한다.

8) 쇼핑백의 법칙 :
집에 가는 길에 먹으려고 생각한 초콜릿은 쇼핑백의 맨 밑바닥에 있다.

9) 홀로위츠의 법칙 :
라디오를 틀면 언제나 가장 좋아하는 곡은 마지막 부분에 흘러나온다.

10) 린치의 법칙 :
가방을 바닥에 내려놓자마자
엘리베이터가 도착한다.

11) 잔과 마르타의 미용실의 법칙 :
내일 머리 자르려고 작정하자 헤어스타일이 멋지다는 칭찬이 쏟아진다.

12) 편지의 법칙 :
그럴듯한 문구가 떠오를 때는
편지봉투를 봉한 직후이다.

13) 가려움의 법칙 :
가려움은 손이 닿기 어려운 부위일수록 그 정도가 심하다.

14) 수입 지출의 법칙 :
뜻밖의 수입이 생기면 반드시
뜻밖의 지출이 생긴다.

15) 세차의 법칙 :
큰맘 먹고 세차를 하면 꼭 비가 온다.

16) 스코프의 법칙 :
더러운 바닥에는 아이들이 아무것도 흘리지 않는다.

17) AS의 법칙 :
기계가 고장 나서 기술자를 부르면 갑자기 아무 문제 없이 잘 돌아간다. 기술자가 돌아가면 다시 고장 난다.

18) 프리랜서 디자이너의 제1 법칙 :
고수입의 화급한 일은 저 수입의 화급한 일을 계약한 뒤에야 들어온다.

19) 프리랜서 디자이너의 제2 법칙 :
바쁜 일들은 모두 마감 날이 같다.

20) 모저의 스포츠 관전 법칙 :
화끈한 플레이는 득점판에 눈길을 돌릴 때나 핫도그를 사러 갈 때 이루어진다.

21) 와그너의 스포츠 보도 법칙 :
카메라 초점을 맞춘 순간, 남자 선수들은 으레 침을 뱉거나 코를 후비거나 사타구니를 긁거나 한다.

22) 존즈의 동물원과 박물관 법칙 :
가장 흥미로운 것에는 이름표가
붙어 있지 않다.

23) 머피의 상수 :
물건이 망가질 확률은 그 가격에 비례한다.

24) 머피의 학기 말 리포트 법칙 :
학기 말 리포트 완성에 꼭 필요한 책이나 정기 간행물은 도서관에서 증발해 버린다. 가까스로 손에 넣은 책도 가장 중요한 페이지가 찢겨 있다.

25) 일상 속의 파레토 법칙 8가지

(1) 즐겨 입는 옷의 80%는 옷걸이에 걸려 있는 옷의 20%이다.
(2) 20%의 운전자가 전체 교통 위반의 80% 정도이다.
(3) 성과의 80%는 근무 시간 중 가장 집중한 20% 시간에 나온다.
(4) 수신되는 이메일의 20%만 필요하고 나머지 80%는 스팸메일이다.
(5) 통화한 사람 중 20%와의 통화 시간이 총 통화 시간의 80%를 차지한다.
(6) 20%의 범죄자가 80%의 범죄를 저지른다.

(7) 두뇌의 20%가 문제의 80%를 푼다.

(8) 운동선수 중 20%가 전체 상금 80%를 차지한다.

26) 프로야구 법칙 :
야구장에 응원가면 지고, 욕하고 안 보면 이긴다.

또 무슨 법칙이 더 있을까요?

-옮겨 온 글-

○ **쉬었다 가는 코너 2**

처칠의 유머

■ **유머 1**

청중 앞에서 연설할 때는 항상 청중들이 빽빽하게 모여서 환호를 지른다.
그 장면을 본 미국의 여류 정치학자가 처칠에게 "총리님은 청중들이 저렇게 많이 모이는 것이 기쁘시겠습니다."
"기쁘지요, 그러나 내가 교수형을 당한다면 두 배는 더 많은 청중들이 모여들 거라는 생각으로 정치를 합니다."

■ 유머 2

항상 늦잠을 잔다는 처칠에게 노동당 후보가 선거 시에 "늦잠꾸러기에게 나라를 맡길 겁니까?" "저는 새벽 4시에 못 일어납니다." "예쁜 마누라와 살다 보니 늦잠을 잡니다. 저도 못생긴 마누라와 결혼 했다면 4시에 일어날 수 있습니다."

■ 유머 3

의회 출석이 있는 날에 늘 지각을 하는 처칠에게 야당 의원들이 질책하자 "예쁜 마누라와 같은 침대에서 자 보십시오. … 담부터는 의회 출석 전날은 각방을 쓰겠습니다."

■ 유머 4

처칠은 칠칠맞아서 잘 넘어졌다고 한다.
연설을 하려고 연단에 올라가다가 넘어지자 청중들이 박장대소를 하고 웃었다.
처칠은 곧바로 연단에서 "여러분이 그렇게 좋아하신다면 또 한 번 넘어져 드리겠습니다."

■ 유머 5

처칠이 80세가 넘어서 은퇴를 한 후 한 여자가 젊었을 때의 처칠의 유머를 상기하며….
"처칠 경 바지 단추가 풀어졌습니다."
"네 부인 안심하십시오. 죽은 새는 새장이 열렸어도 도망가지 못합니다."

■ 유머 6

처칠이 "대기업 국유화"를 주장하던 노동당과 싸우고 있던 때였다. 어느 날 처칠이 화장실에 소변을 보러 갔다. 그런데 그곳에는 라이벌인 노동당 당수 '애틀리'가 볼일을 보고 있었고, 빈자리는 그의 옆자리뿐이었다. 하지만 처칠은 그곳에서 볼일을 보지 않고 기다렸다가 다른 자리가 나자 비로소 볼일을 보았다. 이상하게 여긴 '애틀리'가 물었다.

"내 옆자리가 비었는데 왜 거긴 안 쓰는 거요? 나에게 불쾌한 감정이라도 있습니까?" 처칠이 대답했다. "천만에요. 단지 겁이 나서 그럽니다. 당신들은 큰 것만 보면 국유화를 하려 드는데, 내 것이 국유화되면 큰일이지 않소?" '애틀리'는 폭소를 터뜨렸고, 이후 노동당은 국유화 주장을 철회했다.

■ 유머 7

처칠이 총리가 되고 첫 연설을 하고 난 1940년 어느 날, 연설을 마친 처칠이 화장실에서 볼일을 보고 있었다. 그런데 만세를 하는 것처럼 손을 벽에 붙이고 볼일을 보는 것이었다. 이상하게 여긴 사람들이 이유를 묻자 처칠이 말하길, "글쎄, 의사가 무거운 물건은 들지 말라고 해서 말이오."

■ 유머 8

처칠이 2차 세계대전 당시 미국에 가 있던 때였다. 루즈벨트 대통령이 그와 대화를 하기 위해 그가 묵던 호텔 방으로 들어갔다. 처칠은 알몸으로 허리에 수건만을 두른 채였다. 그런데 루즈벨트가 들어올 때 그만 그 수건이 풀려 스르르 내려가 버렸다. 루즈벨트는 매우 난감해하며… "이거 미안하게 됐소."라고 말했다. 그런데 처칠은 루즈벨트를 향해 두 팔을 벌리고 웃으며 말했다. "보시다시피 우리 대영제국은 미국과 미국 대통령에게 숨기는 것이 아무것도 없소이다."라고 말했다.

역시 대 정치가의 위트답다. 웃지 않고 보낸 날은 실패한 날이라고 한다.

처칠과 같이 담대하고 위트 넘치는 멋진 지도자가 우리나라에서도 나타나면 치유 불가능해 보이는 한국의 저질 정치 문화 개선에 큰 도움이 되지 않을까 하는 바람이다.

"마음의 즐거운 것은 양약이라 심령의 근심하는 것은 뼈를 마르게 하느니라" — 잠언 17:22

○ 지혜로운 삶을 찾아서

"가장 훌륭한 시는 아직 쓰지 않았고, 최고의 날들은 아직 살지 않는 날들이다." — 나짐 히크메트
"The most beautiful poem hasn't been written yet, and the best days haven't been lived yet." — Nazim Hikmet

터키의 혁명 시인이며 극작가인 나짐 히크메트(Nazim Hikmet)는 『진정한 여행』에서 가장 훌륭한 시는 아직 쓰지 않았고, 최고의 날들은 아직 살지 않는 날들이라고 했다. 무엇을 해야 할지 모를 때부터 비로소 진정한 여행이 시작된다고 노래하고 있다. 가슴을 설레게 하는 시이다. 이에 동조(同調)하여 진정한 여행의 길을 가련다. 지나온 80여 년을 되돌아보고 앞으로 살아갈 날들을 5단계로 나누어 실천하면서 최선을 다해 지혜로운 삶을 찾아보자.

1. 건강

　건강은 내 삶의 첫째 목표이고, 마지막 과업이다. 건강한 신체와 정신은 내가 삶을 즐기고 도전을 할 수 있는 기반이 된다. 건강은 우리가 사랑하는 사람들과 함께 시간을 보낼 기회를 제공하며, 내가 원하는 것을 이룰 수 있는 힘을 준다. 조금 게을러지고 긴장이 풀릴 때면 써 놓은 일기 중에 눈물 아니고는 읽을 수 없는 병상 일지를 살펴본다. 특히 간병인의 도움 없이는 생리 작용까지도 해결할 수 없었던 그때 그 메모를 찾아 읽어 본다. 할 수 있는 것은 숨쉬고 간단한 의사 표시 외에는 아무것도 할 수 없었던 그 기나긴 고통의 때를 생각할 때면 누리고 있는 지금의 일상생활이 너무나 감사하다. 하루의 일과는 기상과 동시에 시작된다. 30분 정도 침대에서 스트레칭을 하고 철봉에 매달리기 등으로 활기차게 하루를 시작한다. 매일 최소 6천 보 이상 걷고 생강, 대추 등을 끓여 마시는 것은 나의 건강을 지켜 주는 일상의 음료이다. 육체와 함께 정신도 동시에 건강해야 한다. 될 수 있는 한 적극적(積極的)이며 긍정적(肯定的)으로 사물을 보며 생각하고 행동한다. 육체와 정신의 동시 건강 추구는 수레의 양 바퀴가 균형을 이룸으로써 똑바로 갈 수 있는 것과 같은 이치이다.

2. 목표와 실천

20여 년간을 마케팅 분야에서 종사했다. 그래서 생활 그 자체가 목표 달성을 위한 노력으로 체질화되어 있다. 목표가 없으면 얻는 것도 성취도 없다. 매사(每事)에서 목표의 선택과 결정은 내가 한다. 그다음에는 목표가 내 삶을 이끌어 간다. 100독의 성경 읽기는 첫째 목표이다. 2002년 7월 8일 신구약 1독 해서 교회로부터 장한 상패를 받은 것이 어제와 같이 새롭다. 2025년 5월 31일 12시 05분 요한계시록 22장 끝까지 읽음으로 72독(1,754page/72독=126,288page)을 했다. 두 번째 목표는 영어 회화를 익히는 것이다. 그 많은 외국 여행에서 불편했던 의사소통의 때를 기억하며 새벽 06:00부터 07:00까지 EBS 생활영어를 청취하여 온 것이 어언 6년이 되었다. 의사소통에 별 문제 없던 일본말은 30여 년 쓸 일이 별로 없으니 무디어지고 있는 현실이 안타까울 뿐이다. 멈춤은 어떤 의미에서는 퇴보나 마찬가지다. 중요한 일들은 기간을 정하고 실천함으로써 시행착오나 차질이 발생하지 않도록 노력한다. 항상 더 나은 버전의 나 자신이 되기 위해 애쓰고, 새로운 것을 배우며, 언젠가는 해야 할 일이 생길 때를 대비해 능력을 발휘할 수 있도록 준비하고 있다. 또 하나의 목표는 금년 상반기 중으로 제3의 수필집을 출간할 계획이다. 모아 놓은 자료를 정리하여 적어도 5권 이상을 쓰는 장기 목표를 세워 놓고 있다.

3. 용기와 도전

그리스 철학자 플라톤은 용기, 지혜, 정의, 절제를 네 가지 주요 덕목으로 꼽았고, 그중 가장 중요한 것은 바로 용기라고 주장했다. 용기가 다른 덕목들을 지켜 주는 근간이라고 생각했기 때문이다. 용기 없이는 다른 덕목을 일관되게 실천할 수 없고, 자신에게 중요한 가치를 지켜 낼 수도 없다고 주장하고 있다.

용기는 삶의 흥미와 성장을 위한 기반이 된다. 용기와 도전을 받아들이면 새로운 경험을 할 수 있고, 자신의 한계를 넘어설 수도 있다. 따라서 용기와 도전은 나에게 자신감을 심어 주고, 성취감을 느낄 기회를 끊임없이 제공하고 있다. 1968년 경영학과를 졸업한 후 54년이 되던 2022년 2월 19일 편입하여 서울 사이버 대학교(ISCU) 부동산 학과를 졸업했다. 내 딴에는 큰 용기로 도전했다. 그것도 2년간 전 과정과 시험들은 온라인으로만 했으니 불편하기가 이루 말할 수 없었다. 이해가 되지 않는 부분이 있으면 인터넷이나 사전을 찾아서 스스로 해결했다. 메타버스와 AI 시대에 뒤처지지 않기 위해서 도전을 멈춰서는 안 되겠다고 늘 생각하고 긴장하고 있다.

4. 성장과 여유

성장은 또 하나 삶의 핵심 가치 중 하나이다. 육체적 성장이란 기대할 수 없지만, 현상 유지를 위해 노력한다. 새로운 것을 배우려는 노력 없이는 급변하는 모든 환경에 적응하기 어렵다. 어려움만큼 불편함을 감내(堪耐)해야 한다, 자기 계발과 노력을 통해 망각(忘却)되어 가는 기억을 되살리려 쌓아 놓은 원고 정리에 여념이 없다. 애써 배우고 기억 속에 저장해 놓아도 잊어지거나 헷갈려 버리는 경우가 자주 발생한다. 현상 유지에 애쓰면서 상공회의소나 지역 상공회에서 시행하는 각종 세미나에 참석하여 변화되는 경제, 경영 환경과 AI(ChatGPT 포함)와 메타버스 등 새로운 기술과 지식을 받아들이려는 노력, 그 자체가 성장이라고 생각된다.

자기 계발을 통해 삶의 질을 향상시키는 것은 삶의 가치를 높여 준다. 정기적으로 모이는 임관 57년 된 ROTC 6기 동기회(同期會)와 신우회, 그리고 27년 된 동아 쏘시오그룹 임원 출신 모임인 우성회(友星會) 회원들과 함께 때로는 명산대천(名山大川)을 찾아보는 등 아름다운 삶을 느낄 수 있는 여유도 가져본다. 그리하여 막연한 불안(不安)과 초조(焦燥)로 쌓이는 스트레스를 해소하고, 긍정적인 마인드를 유지하는 것도 삶의 여유를 갖게 해 주는 하나의 방편이 되고 있다.

5. 지혜의 삶을 향하여

초등학교 시절 우리나라를 지칭할 때 동방예의지국(東方禮儀之國)이라고 국사 시간에 배웠다. 요즘같이 글로벌(Global) 시대에는 그 말이 왠지 모르게 퇴색되어 가는 느낌이 든다.

우리나라의 작년 말을 기준 65세 이상 고령자가 전체 인구의 20%에 도달해 초 고령 사회에 진입했다는 평가다. 82세인 내가 6남매 맏이이니 내 위에는 어른이 없다. 곰곰이 되돌아보니 그들의 눈높이와 입장에서 생각해 주고 이해하려는 마음보다는 내 뜻에 따라 아집과 고집으로 일관하면서 식구들로부터 대접만 받으려는 경향이 있었음을 스스로 고백한다. 사소한 일에 외면당하기라도 할 때면 섭섭한 마음이 들기도 했다. 그러다 보니 문제가 생기는 일의 중심에는 내가 있었다. 나로 인하여 생기는 문제들이 많았다.

이제는 생각을 달리해야겠다. 겉 사람은 낡아지나 속사람은 날로 새로워져야 하는 늙음의 미학(美學)을 실천함으로써 우리나라 민족정신에 깃들어 있는 경로효친(敬老孝親) 사상이 전수될 수 있도록 모범을 보여야지. 바야흐로 지혜의 삶을 살아가려는 진정한 여행이 시작된다.

"백발은 영화의 면류관이라 의로운 길에서 얻으리라"
― 잠언 16:31

● ● Epilogue

정상(頂上)은 언제나 비어있다.

"인생이 끝나갈 때, 후회하는 것은 했던 일이 아니라 하지 않았던 일들이다." — 마크 트웨인
"Twenty years from now you will be more disappointed by the things you didn't do than by the ones you did do." — Mark Twain

솔직히 고백하자면, 나는 정상을 가 본 적이 없는 사람이다. 언제나 정상을 꿈꾸었고, 그곳에 오르고 싶었지만 결코 도달하지 못했다. 마케팅 분야에서 인생의 중요 시기를 보냈지만, 최고가 되어 본 적은 없다. 계획과 목표, 그리고 실천에 대한 점검은 체질화되어 있지만, 그 모든 노력에도 불구하고 나는 늘 중간 어딘가에 머물렀다.

• **보잘것없는 삶의 고백**

80이 넘은 지금 돌아보니, 내 인생은 화려하지도 않고 특별하지도 않았다. 넬슨 만델라처럼 세상을 바꾼 위대한 인물도 아니고, 추사 김정희처럼 후세에 길이 남을 예술을 남긴 것도 아니다. 그저 평범한 회사원으로, 평범한 아버지로, 평범한 인간으로 살아왔을 뿐이다.

하지만 그런 나도 꿈은 있었다. 이제 세세한 분야까지는 아니더라도 내 나이 또래 중 어느 한 분야에서라도 3% 내에 들어 보려고 무진 애를 쓰며 살아왔다. 그래서 생각한 것이 20여 년간 써 놓은 메모를 정리하여 책으로 만드는 것이었고, 이제 제3 수필집 『정상은 항상 비어있다(THE TOP IS ALWAYS EMPTY)』를 출판하게 되었다.

- **정상에 오르지 못한 자의 깨달음**

아이러니하게도, 정상에 오르지 못했기에 나는 정상의 진정한 의미를 알게 되었다. 운동선수, 교수, 심지어 대통령까지 분야를 막론하고 지금 최고의 지위를 누리고 있는 그들도 언젠가는 새롭게 도전하는 사람들에게 자리를 내놓아야 한다.

정상에 오른 사람들조차 그 자리를 영원히 지킬 수는 없다. 때가 되면 새로운 도전자들에게 그 자리를 물려주어야 한다. 그것은 누구의 전유물도 될 수 없다. 새로운 도전자들이 그들의 꿈을 이루고, 새로운 시대를 열도록 마련된 자리일 뿐이다.

그러니 정상(頂上)은 언제나 비어 있는 것과 같다. 오르고 싶어 했던 나 같은 사람에게는 절망적으로 들릴 수도 있는 말이지만, 오히려 이것이 희망의 메시지라는 것을 이제는 안다.

• 중간쯤에서 발견한 진실

정상에 오르지 못한 내가 중간쯤 어딘가에서 발견한 것이 있다. 진정한 성공은 정상에 오르는 것이 아니라, 넘어질 때마다 다시 일어나는 것이었다. 넬슨 만델라가 말했듯 "가장 위대한 영광은 결코 넘어지지 않는 데 있는 것이 아니라, 넘어질 때마다 다시 일어나는 데 있다."

나는 수없이 넘어졌다. 실패했고, 좌절했고, 포기하고 싶었다. 하지만 그때마다 다시 일어났다. 그 과정에서 내가 만난 것은 정상이 아니라 사람들이었다. 나처럼 보잘것없이 살아가는 평범한 사람들, 꿈을 품고 있지만 아직 이루지 못한 사람들이었다.

● 보잘것없는 우리들에게

다음에 쓸 책은 2년 정도 더 연구하여 급변하는 유통 분야를 다루어 보려고 한다. 여전히 무언가를 이루고 싶은 마음이 있다. 80이 넘었지만 아직도 꿈을 꾸고 있다. 이것이 바로 우리 같은 보잘것없는 사람들의 아름다움이 아닐까?

죽어선 가죽을 남기는 호랑이처럼, 이제 사람은 데이터를 남긴다고 한다. 하지만 나 같은 평범한 사람이 남길 수 있는 것은 무엇일까? 화려한 업적도, 위대한 발견도 없는 내가 남길 수 있는 것은 단 하나, 포기하지 않았다는 사실뿐이다.

추사 김정희가 말했듯 "가슴속에 만 권의 책이 들어 있어야 그것이 흘러넘쳐서 그림과 글씨가 된다." 나에게는 만 권의 책은 없었지만, 만 번의 작은 노력들이 있었다. 그것들이 이 책을 통해 흘러넘쳐 누군가의 마음에 닿기를 바란다.

• 우리 모두의 희망

 정상에 오르지 못한 나 같은 사람들에게 전하고 싶다. 정상은 언제나 비어있다. 그것은 절망의 이유가 아니라 희망의 이유다. 우리가 오르지 못했다고 해서 그 꿈이 의미 없는 것은 아니다. 오히려 그 꿈을 품고 살아가는 과정 자체가 우리의 삶을 빛나게 만든다.
 때로 한계를 느낀다. 책을 보고 가르쳐 주는 이는 많지만, 함께 실천해 나가는 이는 드물기 때문이다. 하지만 그 갈증이 우리를 계속 나아가게 한다. 목표가 있다면, 이제는 게임을 하듯 즐기며 살아가기로 마음먹었다.
 넬슨 만델라가 감옥에서 딸과 손주에게 건넨 그 단어, '아즈위(Azwi)' — '희망'. 정상에 오르지 못한 우리 같은 사람들에게 더욱 필요한 것이 바로 이 희망이다.
 정상은 언제나 비어있지만, 그 빈 자리를 바라보며 오르려는 우리의 마음만큼은 언제나 가득하다. 그리고 그것으로 충분하다.

"두려워하지 말라 내가 너와 함께 함이라 놀라지 말라
나는 네 하나님이 됨이라."
— 이사야 41:10

"그러나 내가 가는 길을 그가 아시나니
그가 나를 단련하신 후에는 내가 순금같이 되어 나오리라"
— 욥기 23:10

정상은 항상 비어있다

ⓒ 강영구, 2025

초판 1쇄 발행 2025년 9월 9일

지은이	강영구
펴낸이	이기봉
편집	좋은땅 편집팀
펴낸곳	도서출판 좋은땅
주소	서울특별시 마포구 양화로12길 26 지월드빌딩 (서교동 395-7)
전화	02)374-8616~7
팩스	02)374-8614
이메일	gworldbook@naver.com
홈페이지	www.g-world.co.kr

ISBN 979-11-388-4662-2 (03810)

- 가격은 뒤표지에 있습니다.
- 이 책은 저작권법에 의하여 보호를 받는 저작물이므로 무단 전재와 복제를 금합니다.
- 파본은 구입하신 서점에서 교환해 드립니다.